変貌する自民党の正体

田原総一朗
Tahara Soichiro

ベスト新書
514

目次

序章　自民党は劣化したのか

豹変する安倍政権

「戦争　反対」「安保　廃案」「アベはやめろ」

何万人もの国民が国会を取り囲み、叫び続けている。

その光景を前に、私は不思議な感懐に浸っていた。60年安保のころ、20歳代だった私は毎日のようにデモに参加し、国会前でシュプレヒコールを繰り返していたからである。

あれから65年が経ち、また安保をめぐって国会が包囲されている。しかも、あのとき、デモ隊の標的は首相の岸信介《きしのぶすけ》であったが、今回はその孫の安倍晋三《あべしんぞう》である。

ただ、違っていることと言えば、シュプレヒコールのリズムだ。今の若者たちのコールはテンポが速く、何か音楽のような感じがした。

２０１５年９月19日午前２時18分、安保関連法案が参議院本会議で可決された。

安倍晋三を首相とする自民党と公明党の連立政権は、戦後の日本が拠り所にしてきた平和憲法の解釈を強引に変更して集団的自衛権の行使容認を閣議決定し、アメリカが外国と戦争するときに自衛隊が海外で支援できる法制を整えた。これによって、専守防衛の一線を超え、日本は限定的とはいえ海外で戦争ができる国になった。

平和憲法の下で、自民党が60年間にわたって党是としてきた歯止めがふたつある。ひとつは自衛隊の海外派兵、もうひとつが集団的自衛権の行使であった。安倍政権はその歯止めをぶち壊したのである。

気になるのは、安倍政権の豹変《ひょうへん》ぶりだ。

安保法制の国会審議でも、安倍首相は集団的自衛権行使の具体例として、ずっとホルムズ海峡での機雷掃海を挙げていた。ところが、15年9月の参議院特別委員会では「現実問題として想定していない」と否定した。日本人を輸送中の米艦防護についても、中《なか》谷元《たにげん》防衛相が「邦人が乗っているかどうかは絶対的なものではない」と前言を翻している。

また、安倍政権は13年に憲法96条の改正を強く打ち出したが、「改憲への裏口入学で邪道だ」という批判が強まると、すぐさま断念してしまった。

さらに、解釈改憲によって集団的自衛権の行使を実現したにもかかわらず、16年に入り、憲法改正を再び旗頭に掲げて夏の選挙を戦うと表明した。憲法学者の8割が集団的自衛権の行使は憲法違反であると主張し、同時に憲法学者の7割弱が自衛隊が憲法違反の疑いありと表明していることを理由に、安倍首相は憲法改正に向けて国民的な論議を盛り上げて行こうとしているのだ。

こうした言動は、よく言えば柔軟性があると言えるが悪く言えば時局便乗主義と言える。

安倍首相は、本当は何をしたいのか。

祖父である岸信介が成し得なかった憲法改正を実現し、歴史に名を残したいのではないか。そして、日本を普通の国にしようとしているのではないか、と私は考えている。普通の国というのは、イギリスやフランスのように交戦権のある軍隊を持ち、戦争ができる国のことだ。

結論から言おう。私は、安倍首相とは違う考えを持っている。日本が安全保障をアメリカに頼っていることはアメリカへの従属だと言うが、日本はこれまで通り平和国家として歩むべきだというのが私の考えである。

日本は、平和国家の看板を下ろさない方がいい。この看板を掲げていることで、中国や韓国、アジアの国々から信頼される国になることができる。そして、アジアの国々から信頼されることが、アメリカと外交を進めていくうえでも説得力を持つことになると思うからである。

東京裁判批判の行方

もうひとつ、安倍政権で気になることがある。

安倍首相は２００６年９月に第一次安倍内閣をスタートさせたが、同月に行なわれた自民党総裁選に出馬する際、「戦後レジームからの脱却」を掲げた。

戦後レジームとは、ＧＨＱ（連合国軍最高司令官総司令部）のダグラス・マッカーサー司令官の下で作られた政治体制のことである。ひとつの柱は日本国憲法であり、もうひとつの柱が極東国際軍事裁判（以下、東京裁判）である。後述する吉田路線（吉田茂《よしだしげる》の政治）と言ってもよい。

アメリカから押し付けられた憲法は日本を理想的な民主主義の国にすると同時に、非武装にして弱体化するためのものであった。また、東京裁判は、太平洋戦争に勝ったアメリカや連合国が負けた日本を裁いたもので、東条英機《とうじょうひでき》らA級戦犯７人が処刑された。日本はこれらを受け入れることによって、１９５１年のサンフランシスコ講和条約締結で独立を回復したのである。

ところが、安倍首相は戦後レジームからの脱却を掲げ、アメリカに押し付けられた憲法を改正するとともに、「A級戦犯を戦争犯罪人として裁くことは罪刑法定主義上おかしい」として東京裁判にも異議を唱えたのだった。

もっとも、翌07年に入るとこうした主張は一気にトーンダウンし、戦後レジームからの脱却という表現自体が立ち消えになっている。そして、安倍自身も体調を崩し、第一次安倍政権はわずか1年で幕を閉じた。

安倍は12年9月の総裁選で奇跡的に自民党総裁に返り咲き、同年12月に第二次安倍政権を発足させた。そして、政権発足からちょうど1年の節目である13年12月26日に、首相として念願の靖国《やすくに》神社参拝を果たしている。

この参拝を前に、安倍首相は再び東京裁判を批判するメッセージを発し始めた。東京裁判も東条らの処刑も間違いであって、戦死者とともにA級戦犯が合祀《ごうし》されている靖国神社に日本の首相が参拝するのは当然のことだというのが、安倍首相をはじめ、安倍内閣の閣僚の多くや自民党の国会議員たちの考えだった。

ところが、参拝後、安倍首相は予想外の反応に仰天することになる。従来から強く反対を表明している中国や韓国の反応は想定内であったが、アメリカが「失望した」という表現で強い不満を表明したのである。

どうやら、アメリカ政府は、安倍首相が歴史修正主義者ではないかという疑いを強めたようだ。歴史修正主義とは東京裁判を認めない考え方のことで、ニューヨーク・タイムズやワシントン・ポストはそれまで安倍批判を続けていた。

日本国内では、憲法改正や集団的自衛権の行使容認、首相の靖国参拝は一連のタカ派的行為として捉えられているが、アメリカの考えは違っていた。アメリカは日本の憲法改正や集団的自衛権の行使には賛成だが、靖国神社参拝には反対なのだ。

安倍首相も参加している日本会議などは、このアメリカの意志表明以後もひきつづき、東京裁判が間違っていたという批判を続けているが、安倍首相はこれ以後、東京裁判批判を一切しなくなり、靖国神社参拝も止めている。

安倍首相はここでも自らの理念を捨て、豹変したのか。それとも、理念を捨てていないにもかかわらず、捨てたようなふりをして猫を被っているのか。

豹か、猫か。安倍首相の一挙手一投足を注視しているところである。

不自由非民主党

自民党とは、いわば総合デパートのような政党であった。

保守もいれば、リベラルもいる。タカ派がいれば、ハト派もいる。党内には言論の自由があり、民主的な雰囲気があった。

かつての自民党は党内で徹底的な議論が行なわれ、根本的な矛盾が国会審議にまで持ち越されることなどなかった。たとえば、安保関連法案が憲法違反かどうか、どの部分が憲法に抵触するのかといった問題は、自民党内で議論が尽くされていたはずである。

なぜなら、自民党には主流派に激しく論争を挑む反主流派や非主流派の議員がいたからだ。自民党には自由に自分の意見を表明して討論できる柔軟な構造があり、その意味では開かれた政党であった。だからこそ、長期間にわたって国民の支持を得て、政権を維持してきたのである。

私も含めて政治を取材するジャーナリストたちは、社会党や共産党といった野党にほとんど関心がなかった。自民党内の主流派と反主流派、非主流派の争いの方が格段に面白く、取材のエネルギーと神経のほとんどを注いだものである。

総裁選にしても、かつての自民党なら複数のリーダーが出馬して、それぞれの政策を掲げて論争するのが通常のパターンだった。角福（田中角栄《たなかかくえい》と福田赳夫《ふくだたけお》）戦争や三角大福中（三木武夫《みきたけお》、田中角栄、大平正芳《おおひらまさよし》、福田赳夫、中曽根康弘《なかそねやすひろ》）の抗争などと言われ、主流派と反主流派、非主流派の間で、総裁の座をめぐる激しい攻防が展開された。

ところが、自民党は大きく変わってしまった。激しい論争が消え、反主流派や非主流派の存在感が全くなくなってしまったのだ。不自由非民主党になったと言ってもよい。政治が面白くないのは、そのせいである。

安保関連法案にしても、批判したのは元副総裁の山崎拓《やまざきたく》や、元幹事長の野中広務《のなかひろむ》や古賀誠《こがまこと》ら自民党OBばかりであった。現役の自民党議員は執行部の顔色を覗《うかが》うばかりで、自分の意見を表明するのを恐がっているかのように見えた。安倍首相と異なる意見を述べることが、党への「造反」であるという捉え方すらされているようだ。

これは尋常ではない。いろいろな意見が戦わされることによって法案が確かなものになっていくのであり、党内の言論の自由や民主主義が欠如すると、欠陥のある法案が国会に提出されてしまうことになりかねない。

15年9月に行なわれるはずだった自民党総裁選では、対立候補の出馬がないままに安倍首相が無投票で総裁に再選された。

総裁派閥である細田《ほそだ》派をはじめ、額賀《ぬかが》派、岸田《きしだ》派、二階《にかい》派など党内の全派閥がまるで忠誠心を競うように安倍首相支持を打ち出した。

たとえば、岸田文雄《ふみお》外相が率いている岸田派、つまり宏池会《こうちかい》は池田勇人《いけだはやと》時代に立ち上げられ、大平正芳、鈴木善幸《すずきぜんこう》、宮澤喜一《みやざわきいち》ら首相を輩出した保守本流であり、平和憲法を守るハト派であって、安倍政権とは体質が異なるはずである。

こうしたなかで、自民党の柔軟さを示そうと前総務会長の野田聖子《のだせいこ》が勇気を持って出馬を決意したが、党内の切り崩しにあって20人の推薦人を集めることができず、出馬を断念せざるをえなかった。

自民党はなぜ変わってしまったのか。

理由のひとつは、選挙制度が中選挙区制から小選挙区制に変わったことだ。自民党の執行部が推薦する人物しか立候補できなくなったために、反主流派や非主流派というものがなくなってしまったのだ。

選挙制度改革のきっかけはリクルート事件であったが、実際に選挙制度改革を行なったのは細川護熙《ほそかわもりひろ》連立政権であった。自民党一党支配ではなく、政権交代ができる政治をめざして小選挙区制が導入されたのである。

ところが、民主党が政権運営に失敗したために政権交代自体が難しくなる一方で、自民党が変わったために党内論争も期待できなくなった。

もう一度、中選挙区制に戻したらどうかと幹事長の谷垣禎一《たにがきさだかず》や前幹事長の石破茂《いしばしげる》に問うたところ、「ノー」という返事が返ってきた。

なぜなら、中選挙区制の場合、たとえば5人区だと政権を取るためには3人を当選させなければならないが、3人はいずれも自民党だから政策に違いがない。どうしても金権選挙になり、1選挙区当たり最低でも1億数千万円かかったという。小選挙区制なら1選挙区に候補が1人だから2~3千万円で済む。だから、「中選挙区制には絶対に戻したくない」と谷垣は答えた。

となると、小選挙区制のままで行かざるをえないということで野党が強くならなければ政治に活力が生じないわけだ。

一強多弱は打破できるか

2016年3月、民主党と維新の党が合流して民進党が結成された。

衆参両院で156人が結集して野党第一党ができたわけだ。「国民とともに進む政党」をめざすと言う。

「一強多弱」と言われる政治状況のなかで、安倍政権にやられっ放しという情けない状態を巻き返すことができるのか。国民の冷ややかな視線が注がれている。

前身の民主党は09年8月に政権交代を果たし、3年3か月とはいえ政権を担当したことがあり、自民党と競って政権を担うべき政党だった。

ところが、旧民主党の安倍政権との戦い方は、あまりにもお粗末だったと言わざるを得ない。集団的自衛権の行使を柱にした安保関連法案にしても、行き詰まり感が強いアベノミクスにしても、ただ批判するだけで国民が納得するような対案を示せなかった。民主党内に異論があって収拾がつかず、なかなか意見を集約することができなかったようだ。

批判するだけなら共産党でこと足りる。共産党は政権を担うつもりのない政党で、企業で言えば監査役に当たる。共産党は情報収集力も高く、政権政党に対する批判の鋭さで勝負すればいい。

しかし、新しい民進党は政権交代をめざす以上、批判だけでは許されない。安保関連法にしてもアベノミクスにしてもただ反対するのではなくて、自民党の政策に代わる対案、国民の納得する政策を打ち出すことが求められている。

旧民主党と自民党の一番大きな違いは経済政策であった。自民党が経済成長を旗印にしてアベノミクスを打ち出しているのに対し、旧民主党は「分配の公平」を掲げ、格差の是正に取り組んできたのである。ところが、民進党の綱領を読むと、「経済成長の実現」を謳《うた》っている。これでは自民党との違いがより一層、曖昧になってしまう。

日本の政治にとって、政権交代があった方が望ましいに決まっている。しかし、今のままでは厳しいと言わざるをえない。政権を奪還するためには、安保関連法やアベノミクスの問題点を指摘したうえで、対抗軸となる明確な政策を打ち出すべきだ。民進党の奮起に期待したいものである。

日本のもうひとつの問題は、リベラルの危機である。

リベラルというのは基本的人権や民主主義、言論や表現の自由を大事にし、平和憲法を守る立場のことだが、とくに新聞やテレビなどマスコミにおけるリベラルの劣化がはなはだしい。従軍慰安婦問題などで激しいバッシングにさらされ、憲法改正や集団的自衛権の行使などに反対する言論が弱くなっているのだ。

16年2月には衆議院予算委員会で、高市早苗《たかいちさなえ》総務相が「放送局が政治的な公平性を欠く放送を繰り返したと判断した場合、放送法4条に基づき、電波停止を命じる」可能性について繰り返し言及した。

だが、放送法は第1条で「放送の自律、表現の自由」を掲げ、政治的な公平などの方針を定めた第4条は倫理規定である。これに権力が介入するのは許されないことで、高市総務相の発言は非常に恥ずかしいと思う。全テレビ局の全番組が抗議すべきだが、多くの番組が何も放送しないので、私はテレビキャスターの鳥越俊太郎《とりごえしゅんたろう》やTBS報道特集キャスターの金平茂紀《かねひらしげのり》らと共同で記者会見を開いて、「高市総務相の電波停止発言は憲法及び放送法の精神に反している」「私たちは怒っている」という声明を発表した。

この騒動に続く16年4月の番組改編では、リベラルな報道の代表だったテレビ番組のキャスター交代が相次いだ。テレビ朝日「報道ステーション」のキャスターだった古舘伊知郎《ふるたちいちろう》、TBS「NEWS23」の岸井成格《きしいしげただ》、それにNHK「クローズアップ現代」の国谷裕子《くにやひろこ》らが降板することになったのだ。

これらの人事は安倍内閣による直接の指示・介入ではないが、その意を汲んだテレビ局側の自粛行為ではないかと波紋を呼んだ。

こうした言論封殺の風潮に、民進党がどう対抗していくかも注目したい。

吉田路線と岸路線の攻防

自民党について論じた書はたくさんあるが、本書では安全保障問題を中心に私なりの自民党論を展開することにしたい。

というのも、自民党が１９５５年に結党した際に掲げた党の目標が、憲法改正と日米安全保障条約の改定だったからだ。

その意味で言うと、結党以来60年余りの自民党の歴史は、吉田路線と岸路線の攻防の歴史だったと言えるだろう。経済重視の吉田か、安保重視の岸か。あるいは護憲の吉田か、改憲の岸かと言ってもいい。安倍首相はもちろん岸路線である。

自民党の初代総裁で首相を務めた鳩山一郎《はとやまいちろう》は、戦後初めての総選挙が実施された46年には、自民党の前身のひとつである自由党の総裁であった。しかし、ＧＨＱの公職追放によって国会議員の座を追われたため、外相だった吉田茂が首相として舵取《かじと》りをすることになった。

その吉田自由党の時代というのは、一言で言えば、ＧＨＱつまりアメリカに押し付けられた憲法を逆手に取り、安全保障は全部アメリカに任せ、経済復興に全力を注ぐのが政治の基本であった。

51年にはサンフランシスコ講和条約が締結されて日本の独立が認められるとともに、日米安保条約が結ばれた。このとき、全権として講和条約に調印した吉田は、安保条約の方はたった一人で出向いてサインしている。

というのも、日米安保条約はきわめて不平等な条約だったからだ。この条約では、アメリカは日本側の同意がなくても好きな場所に好きなように基地を作ることができ、いつまでも基地を存続できる権限を有していた。にもかかわらず、アメリカには日本を守る義務がなかった。要するに、アメリカの占領体制を維持する条約にすぎなかった。吉田もこの条約にもちろん反対だったが、やむなく受け入れざるをえなかったのだ。

そういう経緯があったために、55年に自民党ができて以後、不平等極まりない日米安保条約の改定がひとつの大きな政治上のテーマになる。

結党当初の自民党は鳩山一郎が総裁、岸信介が幹事長であったが、アメリカに押し付けられた憲法を改正して日米安保条約も改定し、日本の自立をめざしたのである。

首相になった岸は、日米安保条約の改定に取り組んだ。

これに対し、国会議事堂周辺には連日、「安保反対」「岸はやめろ」と叫ぶデモ隊が押し寄せ、デモを繰り返した。60年6月15日には東大生の樺美智子《かんばみちこ》さんが死亡する事件が起き、反対闘争は絶頂に達した。日米新安保条約は自然成立することになったが、岸は辞意を表明し、アメリカのアイゼンハワー大統領の訪日も中止となった。

岸内閣が安保改定と心中する格好で倒れたことで、自民党は方針転換を余儀なくされる。憲法を改正し、日本を自立させるという目標を棚上げし、「安全保障はアメリカに任せて、経済の復興に全エネルギーを注ぐ」という吉田路線に進路を戻したのである。

所得倍増政策を掲げて高度経済成長を実現した池田勇人内閣をはじめ、非核三原則を定めて沖縄返還を成し遂げた佐藤栄作《さとうえいさく》、日本列島改造論をぶち上げた田中角栄も吉田路線を踏襲している。

この吉田路線をずっと続けられていれば、一番よかったのだ。ところが、1990年前後に米ソの冷戦が終結し、事態は大きく変化する。

アメリカにとってソ連は敵でなくなり、極東を守る必然性も薄れたわけだ。日本からすれば、アメリカはもう日本を守らないのではないかという不安や、アメリカに捨てられる恐怖が出てきたのである。

日本は戦後、平和憲法の下で平和国家として存立してきた。しかし、アメリカの圧力が強まるなかで、国是とも言える安全保障の歯止めをぶち壊したのが第二次安倍政権であった。憲法解釈を変更することによって集団的自衛権の行使と自衛隊の海外派兵を容認したのである。そして、安倍首相は今、自民党結党の事実上の原点でもあった憲法改正に挑もうとしている。

本書では、自民党前史と言える吉田茂の自由党から筆を起こし、結党で何をめざしたのか、岸信介の日米安保改定は何だったのか、自民党の原点を振り返る。

その後、池田勇人、佐藤栄作、田中角栄と続く高度経済成長の時代を経て、冷戦の終結という歴史的なターニングポイントを迎え、迷走する自民党の足跡を早足でたどる。

そうした時代の変遷をふまえたうえで、安倍晋三首相がいったい何をめざし、日本をどう変えようとしているのかを浮き彫りにしてみたいと思う。

第一章　終戦と自民党の結党

ジャーナリストとしての原点

終戦というとまず頭に思い浮かぶのが、玉音放送である。

1945年8月15日、昭和天皇が自らラジオを通じて国民に戦争が終わったこと、つまり日本の敗戦を告げたのだ。私は当時、郷里の滋賀県彦根《ひこね》市で暮らしており、小学校5年生で夏休みの最中であった。

この日の朝、市役所からの連絡で正午に玉音放送があることを知り、私の家では正午前に家族全員がラジオの前に集まった。家にラジオがない近所の人たちもやって来て一緒に終戦の詔勅を聞いたのだった。

玉音放送はノイズが多いだけでなく、言葉が難しくわかりづらいところもあったが、有名な「耐へ難キヲ耐へ、忍ビ難キヲ忍ビ」や「敵ハ残虐ナル爆弾ヲ使用シ」という条《くだり》は聞きとることができた。残虐なる爆弾とはもちろん、広島と長崎に落とされた原子爆弾のことである。

放送が終わると、大人たちが天皇の言葉の意味について議論を始めた。「いよいよ本土決戦だ」という意見と、「戦争が終わったのではないか」という意見と真っ二つに分かれたが、午後になって市役所の職員が回って来て、「戦争は終わった」とメガホンで告げたことで決着がついた。

私は日本の敗戦を知って絶望的な気分だった。というのも、軍国少年だった私は海軍兵学校に進んで軍人になり、いずれ戦場で華々しく死ぬことを夢見ていたからだ。その夢を断たれたため、私は家の離れの二階へ上って泣きに泣いた。そして、いつの間にか、泣き寝入りしてしまっていた。

夜になって目が覚め、窓から外を見て驚いた。町が異様に明るいのだ。前の晩まで灯火管制が敷かれ、夜の町は真っ暗だった。空襲に備えて電灯を黒い布や紙で覆っていたからだ。ところが、一面に明るい町を見て、「戦争が終わったんだ」という解放感を感じたのであった。

問題は二学期であった。小学校に行くと教師たちの言うことは１８０度変わっていた。一学期までは「この戦争は世界の侵略国であるアメリカやイギリス、オランダを打ち破り、アジアの国々を解放し、独立させるための正しい戦争だ」と教えられていた。ところが、二学期になったら「あの戦争は日本がアジアの国々を侵略した、間違った戦争だった」と言うのである。しかも、一学期まで英雄だった東条英機《とうじょうひでき》がＡ級戦犯として逮捕されてしまっていた。

大人たちの変節を目の当たりにして、私は「大人たちがもっともらしい口調で言っていることは全く信用できない。新聞やラジオの言うことも信用できない」と思った。そして、「国家というものはどうやら国民を騙《だま》すものだ」という思いが、私たち戦中世代の原点になったのである。

それ以来、私たちの世代は非常に疑り深い。それは私たちの弱点でもあるが、その一方で私がジャーナリストとして仕事をしてきた原点とも言えるものだ。

本書で論ずる自民党について、私が最初に意識したのは敗戦の翌年、小学校6年生のときだった。

1946年4月10日に行なわれた戦後初めての総選挙で、後に自民党初代総裁となる鳩山一郎《はとやまいちろう》が率いていた日本自由党が第一党となったのである。ところが、首相になるはずの鳩山はこのとき、首相になることができなかった。

野心なき首相の誕生

この年、GHQ（連合国軍最高司令官総司令部）は公職追放を指令し、軍国主義者と見なされた多くの政治家が公職を追われた。首相になるはずだった鳩山も戦時中に国会議員だった責任を問われ、追放されたのだった。

そこで、外務大臣だった吉《よし》田《だ》茂《しげる》に白羽の矢が立った。「あなたが首相をやれ」と周囲から強く薦められたが、吉田は当初、首相を引き受ける意欲も野心もなかった。「自分は政治家になる器ではない」とすら言っていたほどだ。最後は鳩山らの強い説得に根負けした格好で、吉田はしぶしぶ首相になることを引き受けたのである。

そういう事情もあって、吉田は首相を引き受けるに当たり、我がまま極まりない条件を出した。ひとつ、金づくりはしないこと。つまり、政治資金づくりはすべて鳩山に任せるということだ。ふたつ、吉田がやることに一切口出しをしないこと。3つ、嫌になったらいつでも辞めてよいこと、である。

ちなみに、鳩山の回想録には4つめの条件が記されていた。「鳩山の公職追放が解除されたら、ただちに首相の座を鳩山に返す」という内容だったが、この条件は吉田の回想録には書かれていない。

鳩山がこれらの条件を飲んだため、吉田内閣がスタートすることになった。

それにしても、GHQはなぜ保守派の政治家であった吉田茂を公職追放しなかったのか。実は、吉田には他の保守派の政治家にはない特別の「勲章」があった。それは敗戦の年1945年に憲兵隊に逮捕されていたことだ。その後40日間にわたり、東京・代々木にあった陸軍刑務所に収監されていた。

同年2月、かつて首相を務め、敗戦時の貴族院議員だった近衛文麿《このえふみまろ》が昭和天皇に「早期に戦争を止めるべし」という内容のいわゆる近衛上奏文を出した際、吉田はこの上奏文の作成を手伝っていたのである。

東条英機首相はとても疑り深い男で、近衛家や吉田家の家政婦や運転手をスパイに仕立て上げ、近衛や吉田の動きを細かく報告させていた。このために近衛上奏文の一件がバレてしまい、吉田は逮捕されたのであった。

このとき、吉田は「自分の人生もこれで終わる」と諦めたようだが、戦時中の逮捕歴が「勲章」となり、敗戦後に首相の座につくことになったのである。

吉田首相と新憲法

吉田内閣が最初に取り組んだのは、すでに1946年3月に幣原《しではら》喜《き》重郎《じゅうろう》内閣が発表した新憲法改正草案を国会で成立させることであった。

新憲法の原型となった憲法改正草案要綱は、GHQが作成した原案に多少手を加えたものだ。この憲法によって、日本を戦争ができない弱い国にするとともに、貧しい国に留めることがGHQ側の目的と思われたが、吉田首相らは「日本が自国を防衛する自衛権まで許さないのなら、アメリカに守ってもらえばよい。我々は防衛を気にせず、経済の復興と発展のために全力を投入することができる」と受け止め、新憲法を歓迎した。

たとえば、共産党の野坂参三《のさかさんぞう》議員が「憲法は自衛権を否定しているかどうか」と問うたのに対し、吉田は「第九条二項において、一切の軍備と国の交戦権を認めない結果、自衛権の発動としての戦争も、また交戦権も放棄したことになる」（吉田茂『回想十年上』）と明快に答えている。

この答弁に対し、野坂は「侵略戦争は不正の戦争だが、自国を守るための戦争は正しいものといってよいと思う。憲法草案においても、戦争を全面的に放棄する必要はない。侵略戦争の放棄に止むべきではないか」（『前掲書』）と反論した。

ところが、吉田は「国家正当防衛権による戦争は正当なりとせらるるようだが、私はかくの如きことを認むることが有害であると思う」と答弁し、これまた明快に正当防衛権まで否定したのであった。

その一方で、新憲法が発布された後、吉田は自らの選挙区である高知県に戻った際、色紙にこう本音を記している。

新憲法　棚のだるまも　赤面し

つまり、実際には棚の達磨すら赤面するほど非現実な内容だと呆《あき》れていたのである。GHQが叩《たた》き台を作った新憲法は、吉田や憲法問題調査会委員長だった松本烝治《まつもとじょうじ》らが予想したよりもはるかに厳しく、大日本帝国憲法とは大きく異なる理想主義的な内容となっていた。

政治学者の五百旗部真《いおきべまこと》によれば、アメリカ政府はマッカーサー元帥に対して「日本の実勢を尊重せよ」と強く指示していた。マッカーサーは、極東委員会などに文句を言わせないためにも、新憲法で平和化と民主化を劇的に示す必要があった。極東委員会とは、連合国による対日占領についての政策決定機関で、米英ソ中など十一か国で構成され、昭和天皇の処罰などを求めてくる可能性があった。

1946年6月、憲法改正案は衆議院本会議にかけられ、国会での審議を経て同年11月3日に日本国憲法として公布された。

新憲法について、五百旗部は「マッカーサーは昭和天皇に戦争責任ありとわかっていながら、占領政治のためにそれを問わなかった。つまり、天皇を支持したのではなく、利用したわけです」と説明している。

マッカーサーは翌47年1月、次のような書簡を吉田に送っている。

「新憲法実施の経過に照して、一両年中に、これを再検討し、もし必要ならば改正することは全く日本国民の自由であると極東委員会は決定した。従って、さらに必要ならば、日本国民の意思を問うために、国民投票その他の手続をとって然るべきである」(『前掲書』)

この書簡から、マッカーサー自身も新憲法はあくまで仮の憲法であり、数年後には改正すべきと考えていたことがわかる。

ところが、日本国民は何と今に至るまで憲法を改正せずにきたのである。こうした日本人の特質について、首相を務めた宮澤喜一《みやざわきいち》(故人)は次のようなエピソードを挙げて説明をした。

「1949年4月、ジョセフ・ドッジによって1ドル360円という固定相場制が実施されました。現在は変動相場制で1ドル100円台ですから、相当な円安です。その後、アメリカが1ドル360円では円安すぎるのではないかと修正を誘いかけたとき、日本側はなんと360円で調整できていますと修正を断ったのです」

当時、池田勇人《いけだはやと》大蔵大臣の秘書官を務めていた宮澤はこの話を披露して「日本人は押しつけられた洋服に体を合わせて着こなすのが実にうまい。ただし、自分に合わせた服を作るのは苦手です」と話した。

「自分に合わせた服を作るのが苦手」とは日独伊三国同盟や大東亜共栄圏構想などの失敗を指していると考えてよいが、新憲法こそはまさに宮澤が「押しつけられた服に体をうまく合わせる」と言った日本人の特質を現す典型例だと言えるだろう。

アメリカの政策転換と吉田の対応

そんななか、世界情勢の大変化が日本を巻き込むことになる。

米ソの冷戦が際立ってきたことを受け、アメリカは日本を西側陣営における極東の要として強化する方向に舵《かじ》を切った。日本弱体化から日本強化へと、対日政策を大きく転換したのである。

アメリカは1949年夏頃から対日講和条約の締結について本格的に検討し始めた。

そのきっかけのひとつになったのが、同年に実施された総選挙であった。この選挙で、吉田が率いる民主自由党が264議席を獲得したものの、共産党が4議席から35議席へと大躍進を遂げた。アメリカはこの結果に危機感を抱き、日本国民の反米意識が高まっていることの現れだと捉えた。

このため、日本の外務大臣にあたるアメリカの国務長官ディーン・アチソンが「できるかぎり寛大な条件で、対日講和を急ぐべきだ」と強く主張したほか、国務省の高官にも「講和条約を急ぐべし」とする意見が多数を占めたのである。

50年5月、アメリカ国務長官の外交政策顧問で後に国務長官になるジョン・フォスター・ダレスが対日講和条約問題の担当者となった。

中国ではこの頃、毛沢東《もうたくとう》の共産党が北京に入城し、蔣介石《しょうかいせき》が総統を辞めて台湾に逃げざるをえない事態になっていた。こうした情勢のなか、ダレスは訪日前、アチソン国務長官に次のような覚え書きを提出している。

「共産勢力に取りまかれた日本を自由社会に引き止めておくために経済復興を援助・促進させながら、安全保障の最終的取り決めに至る過渡的措置として、間接侵略（筆者注、ソ連と連携した国内の共産勢力の動きを指す）を阻止するために、強大な警察軍を創設しなければならない」

同年6月、ダレスが来日して吉田・ダレス会談が行なわれた。

GHQのウイリアム・シーボルト外交局長の覚え書きによると、ダレスは何とか日本の安全保障に話を持っていこうとしたが、吉田はこの問題には触れたがらなかった。微笑を浮かべたり含み笑いをしたりしながら、吉田はまわりくどい間接的な言い方や曖昧《あいまい》模糊《もこ》とした言葉、寓話《ぐうわ》を巧みに使って話し、ダレスにわずかな言質《げんち》も与えようとしなかったという。つまり、吉田は安全保障の話を徹底的に嫌ったのだ。

吉田の徹底的なはぐらかしに戸惑い、ダレスは議論を打ち切ってしまった。そして、吐き捨てるようにシーボルトにこう言った。

「まるで不思議の国のアリスのような感じがした」

それにしても、吉田はなぜダレスを徹底的にはぐらかしたのか。これについて、政治学者の大嶽秀夫《おおたけひでお》はこう説明した。

「駆け引きのつもりだったのではないでしょうか。ダレスの本音が日本の再軍備だと踏んで、そこにできるかぎり踏み込まないように懸命にはぐらかしたのでしょう」

吉田は『回想十年』のなかで、「再軍備などを考えること自体が愚の骨頂であり、世界の情勢を知らざる痴人の夢である」と言い切り、その理由を3つ挙げている。

「米国はその戦勝の余威《よい》を以て、且つまた世界に比類なき富を以て、あの巨大な軍備を築き上げたもので、他の国があれに匹敵し得る軍備を持つということになれば、それこそ大へんな負担であり、仮りにその負担に堪え得るとしても、あれだけの費用をかけてさえ、果して今日の米国の如き進歩した高度の武装を実現し得るや否やは疑問とされるそうである。況《いわ》んや、敗戦日本が如何に頑張ってみても、到底望み得べきことではない。これが私が再軍備に反対する理由の第一である」（吉田茂『回想十年 中』）

第二の理由は、再軍備を支える国民精神の基盤が全く失われていること。第三は、理由なき戦争に駆り立てられた国民にとって敗戦の傷痕がいくつも残っていて、まだ処理ができていないものが多かったことだ。

つまり、吉田は「安全保障は徹底的にアメリカに委ねて、日本は経済の復興に全力を上げるべきだ」と一貫して主張したわけである。

戦後日本の経済復興とは

吉田が全力を上げると言った経済復興とは、どういうことだったのか。

１９４０年代から50年代にかけて、日本の学者や官僚たちの多くは「日本の復興は重工業ではなく、農業と軽工業によるべきだ」と考えていた。

一方、後に新日本製鐵（今の新日鐵住金）会長になる八幡《やはた》製鐵の稲山嘉寛《いなやまよしひろ》や富士製鐵の永野重雄《ながのしげお》らは「重厚長大産業が復興しなければ、日本の経済の復興はありえない」と主張していた。しかし、日本の製鉄会社のほとんどは戦災に見舞われて工場も技術もなく、その復活に必要だった資金もなかった。

そこで、彼らがどうしたかというと、世界銀行（以下、世銀）から資金を借りようとしたのである。

世銀は経済復興のために世界の国々や企業に金を貸す役割を果たしていたが、資金貸し出しの条件として「自己資本比率が20％以上なければ融資ができない」という基準を設けていた。ところが、八幡製鐵も富士製鐵も全くその域に達しておらず、世銀から融資を受ける資格はなかった。

資格があろうがなかろうが、何としても融資を受けたい。そこで、どうしたか。

彼らは吉田首相に頼んで、世銀の総裁であるユージン・ブラックを日本に国賓として招待することにしたのだ。占領統治下でGHQとの交渉に当たった白洲次郎《しらすじろう》や前外務大臣の岡崎勝男《おかざきかつお》らが水面下で動いた結果、１９５７年にブラック訪日が実現した。

吉田首相らはブラックを官邸に迎え、大歓迎した。その後、稲山や永野らはブラックを京都に連れて行った。京都の祇園《ぎおん》に案内して「飲ませる、抱かせる、握らせる」の歓待をしたのである。

実はブラックには、絵画などの美術品を集める趣味があった。そこで、稲山らはブラックに国宝クラスの絵画や鎧兜《よろいかぶと》をプレゼントした。ブラックは軍用機で来日しており、通関を通る必要がなかったのでノーチェックである。要するに「飲ませる、抱かせる、握らせる」の賄賂で籠絡しようと謀ったのだった。

こうして、稲山らは世銀からまんまと資金を引き出すことに成功する。どういう細工をしたかというと、特定引当金や退職手当引当金、修繕特別引当金など本来なら負債にあたる科目を全部、資本の部分に入れることで、自己資本比率20%に達しているという貸借対照表を作ったのであった。

この頃、世銀が日本に対して甘かったのは、まさにアメリカの対日政策が変わり、日本を強い国にすることが時代の要請だったからだ。日本を強くするためにはとにかく経済を立て直さなければならない。そこで、アメリカは日本に資金や技術を供与するだけでなく、技術者を送り込んできたのだ。

当時のアメリカは先端技術だけでなく、技術者もたくさん抱えていた。しかも、幸か不幸かアメリカ本国が戦災に遭っていなかったため、重厚長大企業がフル稼働しており、新しい先端技術を取り入れる余地がなかった。だから、そういう先端技術や技術者がどんどん日本に送り込まれたわけだ。

従来あった工場はほとんどアメリカ軍の空襲で焼けてしまっていたため、なけなしの資金でまず工場を新設する必要があった。そこで、日本の製鉄業界は奇策に出た。

製鉄を行なう際、通常はガス炉から順番に工程通りに製造するのが常道だったが、それでは全部の工程を作り上げるまでに2〜3年かかり、その間は売り上げのない状態で凌《しの》がなければならない。そこで、製造工程の最後にあたる圧延《あつえん》から、つまり逆から作ったのである。圧延というのは、厚みが20センチ以上もあるスラブ（鋼片）を加熱し、圧延機にかけて厚さ1ミリ以下の鋼板《こうはん》に延ばす作業のことだ。

いきなり圧延作業を行なうため、東欧から半製品を仕入れた。そして、圧延を行なった製品を販売し、その代金で製造工程を逆に作っていくという方法を取ったのだ。

また、立地先として大分県や千葉県君津《きみつ》などの臨海工業地帯を選んだ。日本は鉄鋼の原料も燃料も全部輸入しなければならないが、臨海工業地帯に工場を作れば船で輸入することができる。しかも、作り上げた製品を船で輸出することができるという一石二鳥のメリットがあった。

たとえば、君津製作所からアメリカの西海岸まで輸出する運賃は、陸路だと君津から静岡までトラックで輸送する値段と変わらず、きわめて安く済んだ。臨海工業地帯に工場を作ることで、非常に輸出入が安価になったのだ。

このように「飲ませる、抱かせる、握らせる」賄賂工作で何とか資金を調達し、工場の製造工程を逆から作る奇策や、臨海工業地帯に工場を立地したことなどが、戦後日本の経済が発展するうえでの大きな原動力になったのである。

安全保障はアメリカに全部委ねて経済復興を第一に実施するというのが、吉田流の政治であったが、その後、首相となる池田勇人や佐藤栄作《さとうえいさく》らが吉田流の政治を踏襲することで、日本は飛躍的な高度経済成長を遂げることになる。

朝鮮戦争勃発と自衛隊創設

吉田が日本の安全保障の強化を図ろうとするダレスの求めをはぐらかし、ダレスをして「まるで不思議の国のアリスのような感じがした」と言わせたことはすでに述べた。

ところが、事態は大きく変化した。ダレスが日本に滞在していた50年6月25日の朝、朝鮮戦争が勃発したのである。北朝鮮軍が北と南の分割ラインである38度線を突破して、韓国に進撃を始めたのだ。

韓国軍を支援するために、アメリカ軍は釜山《プサン》に上陸を開始した。マッカーサー元帥が国連軍の司令官に任命され、在日米軍の4個師団約8万人をすべて朝鮮戦争に出動させる決意をした。

また、日本政府に対しては、米軍出動後の日本国内の治安を確保するために「7万5千人の警察予備隊を創設せよ」という指令を出した。厳密に言えば、吉田首相宛ての書簡は指令ではなく、「7万5千人の警察予備隊の設置、海上保安庁の8千人増員などを認可する」という表現になっていた。

こうして、警察予備隊が誕生した。GHQに要請していたわけではなかったので、日本側は戸惑いを隠せなかった。何よりも、警察予備隊とはどういう性格の組織なのかすらわからなかった。

官房長官の岡崎勝男がGHQのホイットニー民政局長に質したところ、「認可」としたのは憲法同様、GHQが日本側に押し付ける形を避けるためであった。さらに警察予備隊とは単なる警官の増員ではなく、いずれは銃や兵器など戦闘用の装備を持つ、いわば「軍隊の卵」を作るのだという説明であった。しかし、この警察予備隊について、吉田はあくまで「国内治安維持のための特別警察だ」と主張した。

この食い違いについて、歴史学者の秦郁彦《はたいくひこ》はこう説明している。

「それはやはり軍隊の卵ですよ。しかし、吉田がそう言ってしまうのは、内外ともに得策ではないと判断して、表面上は再軍備と関係ない、警察力の強化として押し通す戦術を取ったのです。こうすれば、国内的には再軍備派との対立をかわせるし、何よりアメリカのなかにあった『朝鮮戦線に派遣せよ』という声を抑えられると、吉田は考えた。この戦術はそれなりに効果的だったと思います」

警察予備隊について、アメリカは「保安隊を設置せよ」と日本側に強く求めてきた。吉田はやはり反対だったが、保安隊の設置をしぶると講和条約の締結が危うくなると判断し、やむなく了承した。

こうして警察予備隊から保安隊へ、さらに保安隊から自衛隊へと、いずれもアメリカの要請によって日本の再軍備がどんどん進んで行ったが、ここで注目すべきは吉田が一貫して反対であったことだ。

吉田はとにかく「安全保障はアメリカに委ね、日本は持てるかぎりの力を経済の復興に投入すべきだ」と考えていた。これに対し、アメリカは冷戦に対応するために日本の軍備拡張を強く求めるという全く逆の立場を取っていた。

1953年11月に開かれた臨時国会では、やはりアメリカの要請から保安隊の改正案、つまり自衛隊の創設をめぐって与野党審議が行なわれた。

この国会での審議のなかで、吉田首相は有名な「自衛隊は戦力ではない。つまり、戦力なき軍隊である」という珍答弁を行なっている。軍隊とは戦力を持った組織を言うのであるから、この答弁はどう考えても論理矛盾と言わざるをえない。

吉田の政治に深い理解を示している政治学者の大嶽秀夫も「再軍備であるとはっきり公言すべきだったと思います。自衛隊は戦力ではないなどと言い通したことが日本の安全保障問題を弱めてしまった。それゆえ、自衛隊が日陰の身のような存在になってしまったのだ」と指摘している。

吉田降ろしの顚末

1951年、サンフランシスコ講和条約が締結され、占領下にあった日本は独立を果たした。この年、公職追放されていた政官財のリーダーたちのうち1万4千人余りが追放を解除されている。

政界でも鳩山一郎をはじめ、三木武吉《みきたけきち》、石橋湛山《いしばしたんざん》、安藤正純《あんどうまさずみ》、大麻唯男《おおあさただお》らの大物が復帰し、本来の主である鳩山に「政権を返せ」と主張して露骨に吉田に圧力をかけた。保守勢力のなかで、吉田は孤立を深めたのである。

「吉田包囲網」を破ろうと、52年8月に吉田は衆議院を解散した。この選挙で、自由党は全体で240議席を獲得したが、吉田派は73議席しか取れなかった。

翌53年2月に開かれた国会では、反吉田派が増えて行くことにいら立っていた吉田が右派社会党の西村英一《にしむらえいいち》の質問に「バカヤロー」と言って、解散に追い込まれてしまった。いわゆるバカヤロー解散である。

この選挙で、自由党は過半数の234を大きく割って199議席に止まった。左右両社会党が合わせて138議席、これに野党の改進党の76議席を足すと214議席で、総数で自由党を上回ったのだ。

選挙後、吉田は第五次吉田内閣を発足させたが、翌54年に入ると、いわゆる造船疑獄が明るみに出る。造船会社への融資をめぐって政財官界の有力者が賄賂をもらっていたという大疑獄事件であった。

自由党幹事長だった佐藤栄作、政調会長だった池田勇人という吉田体制を支える二本柱が東京地検のターゲットとされ、54年4月に検察はついに佐藤の逮捕状請求に踏み切った。現職の幹事長が逮捕され、政調会長まで捕まるとなれば、吉田政権は崩壊せざるをえない。

このため、吉田の指示で犬養健《いぬかいたける》法務大臣が指揮権を発動し、佐藤逮捕は強引に阻止された。しかし、このことで吉田政権は完全に追い詰められたのである。

ここで、吉田内閣を倒した「吉田降ろし」の動きを追っておきたい。

54年10月20日に新党結成準備会拡大大会が開かれ、11月1日に鳩山一郎が新党結成準備委員長となった。つまり、鳩山が新党の総裁になることが決定したわけだ。

舞台裏を仕切ったのは、自由党の岸信介《きしのぶすけ》と日本自由党の三木武吉だった。

11月24日、自由党の鳩山と岸、改進党、日本自由党などが合流して日本民主党が結成された。衆参合わせて142人の議員が参加し、総裁は鳩山、副総裁は重光葵《しげみつまもる》、幹事長には岸信介がなった。

11月30日に国会が召集されると、日本民主党は社会党と組んで吉田内閣不信任案を提出する構えを見せた。野党が結集すれば267人となり、不信任案は可決されてしまう。

そこで、吉田は当然ながら衆議院を解散しようとしたが、これを支持したのは子飼いの佐藤栄作と池田勇人だけだった。

副総理の緒方竹虎《おがたたけとら》をはじめ、閣僚のほとんどが解散に反対し、12月7日に吉田欠席のまま閣議が開かれて内閣の総辞職が決定した。さすがの吉田もこれでは抵抗のしようがなかったのである。

吉田は総裁の辞表を机上に残し、本宅のある神奈川県中郡大磯《おおいそ》町に帰った。

こうして、日本で内閣制度が発足して以来3番目という7年2か月にわたる長寿政権に終止符が打たれた。ちなみに、1番はニコポン宰相と呼ばれた桂太郎《かつらたろう》内閣で7年10か月、2番は初代首相の伊藤博文《いとうひろぶみ》内閣で7年5か月である。

吉田が辞職したとき、私は大学2年生だった。ワンマンで鳴らし、それゆえに国民の強い反発を受けていた権力者が、自らが率いる政党から追い出される形で、みじめな最期を遂げる…。

表面からでは測り知ることができない権力闘争の暗闘の凄まじさを感じ取った最初の

出来事であった。

憲法改正を訴えた鳩山一郎

1954年12月9日、国会で行なわれた後継首班指名選挙で、鳩山一郎が総理大臣に指名され、鳩山内閣が成立した。副総理兼外相には重光が就任した。岸は幹事長に留任し、野党ではなく政権政党の幹事長となったのである。

翌55年1月、鳩山は衆議院を解散した。このとき、鳩山は吉田とは違って憲法改正を強く訴えている。

「憲法は言うまでもなく、独立国が拠って立つ基本法である。ところが、現在の憲法は占領下に占領軍の手によって作られたものであり、しかも非武装が前提になっている。平和を追求するためには、自衛の軍隊を持つ必要がある。吉田茂首相は、戦力は持たないと言っているが、自衛隊がある。これは明らかに戦力である。この矛盾を解消するには憲法改正が必要である」

憲法改正について鳩山以上に強く主張していたのが、時の幹事長である岸信介だった。岸は憲法について次のように述べている。

「われわれは、まず第一にわれわれ国民の自由意志に基づく、われわれの憲法を持たねばならぬ。憲法は言うまでもなく独立国の拠ってもって立つ根本法である。現行の憲法が占領下において、時の占領軍の最高司令官から押し付けられたものであり、原文が英語で書かれた翻訳憲法であることは今日では公知の事実である。かくのごとき憲法を持っている独立国は古今東西にその例を見ざるところである。ただ単に憲法九条だけの改正の問題ではない。民族の魂が表現された憲法であるべきであって、日本の土と血につながっている民主主義を内容とする憲法であると確信する。祖国をわれわれの手によって防衛するということは、独立国としての当然の義務であると同時に権利である。他国の軍隊を国内に駐屯せしめるその力によって独立を維持すると言うがごときは真の独立国の姿ではない」

ワンマン宰相だった吉田の長期政権に飽きた国民の多くが、鳩山は吉田によって不当に権力を奪われていたと感じていた。しかも、追放解除直前に脳溢血《のういっけつ》で倒れ、半身不自由となった鳩山には同情混じりの共感が広がった。

また、国民の多くは負けるとわかっている戦争に突っ込んだ強引な国家権力に拒否反応を持っていたので、弱さをすなわち安全と捉えて弱い権力者を求めたのだ。

岸や三木などに党運営を任せ、担がれた御神輿《おみこし》として微笑を絶やさなかった弱々しい鳩山は、吉田と違って安全無害に感じられたのに違いない。

こうして鳩山ブームが生じ、吉田内閣支持率が23％（54年5月時点）だったのに対して、鳩山内閣支持率は44％（55年1月）と10ポイント以上も跳《は》ね上がった。

自由民主党結党

1955年11月15日、民主党と自由党が解体され、自由民主党が誕生した。

その1か月前には左右社会党が統一され、自民党対社会党のいわゆる55年体制がスタートしたのである。

結党時、まだ総裁の座は空席で、鳩山、緒方、三木、大野伴睦《おおのばんぼく》の4人が代行委員となっていた。岸はあえて一歩退いて代行委員とならず、代わりに幹事長となった。このあたりが岸の手堅さであり、したたかさだと私は思う。

56年10月、鳩山首相はモスクワでソビエト社会主義共和国連邦（以下、ソ連）のニコライ・ブルガーニン首相との共同宣言に署名し、日ソ国交回復を実現させた。

しかし、鳩山はこの外交で体力を消耗してしまい、ソ連から帰国するとまもなく退陣を表明した。吉田と違って、鳩山は権力に執着しなかった。そして、引退後2年2か月で死去したのである。

鳩山には後継者を指名する力がなく、調整役の三木がその前に死亡したこともあって、岸、石井《いしい》光次郎《みつじろう》、そして石橋湛山の3人が立候補しての総裁選挙となった。これは1885年に日本で議院内閣制が発足して以来、初めての総裁公選であった。

消息通の間では、岸は1億円、石橋は6千万円、石井は4千万円をこの選挙で使ったと囁《ささや》かれた。また、総裁になった暁には役職を用意するという空手形も乱発された。石橋派参謀の石田《いしだ》博英《ひろひで》は18しかない閣僚の椅子をめぐり、60枚分の空手形を振り出したとも言われている。

56年12月に自民党の総裁選挙が行なわれた。第1回の投票で、岸は223票を獲得して1位となったが、過半数には達しなかった。このため、決戦投票が行なわれたが、石橋、石井の2位・3位連合が手を結び、石橋が258票を獲得して自民党の第2代総裁となった。

ところが、不運にも石橋は首相になってまもなく体調を崩し、翌57年2月に首相を辞任せざるをえなかった。体調を崩しながら無理して国内を駆け巡ったために、倒れてしまったのだ。

こうして、事実上の副首相であった岸が首相となった。A級戦犯として収監されていた巣鴨《すがも》拘置所から釈放されて8年、公職追放が解除され衆議院議員に当選してから数えると、わずか3年10か月のことであった。

昭和の妖怪

ここで、「昭和の妖怪」と言われた岸信介について記しておきたい。

岸信介は、1896年（明治29年）11月13日に山口県田布施村《たぶせむら》（今の田布施町）で生まれた。日清戦争で日本が勝利して山口県下関市で講和条約が調印された翌年である。

1920年に東京帝国大学法学部を卒業した岸は官僚の道を選んだ。官僚の花形は当時、内務省と大蔵省だったが、岸は先輩たちの勧めを拒んで農商務省に入省した。

農商務省の官僚として欧米を視察した際、岸がとくに強い印象を受けたのがドイツである。当時のドイツは第一次世界大戦で惨敗し、莫大《ばくだい》な賠償金に喘《あえ》いでいたにもかかわらず、国家統制化という名の産業合理化運動によって経済再建の成果をあげていた。ドイツモデルは、岸が学生時代から抱いていた国家社会主義と見事に重なっていた。

36年、2・26事件が起きた年の10月、満州国国務院実業部総務司長として赴任した岸は、満州というフロンティアで産業開発の5か年計画を遂行し、国家社会主義的な統制経済を徹底させた。

岸の統制経済は満州で成功し、時の関東軍参謀長だった東条英機にも高く評価された。そのためもあってか、東条が首相になると、岸は商工大臣に抜擢《ばってき》されている。

なお、満州を離れるとき、岸は記者たちに「出来栄えの巧拙はともかくとして、満州国は私の描いた作品である」と語った。満州で実施した政策の結果について、岸は自信満々だったわけだ。

東条に商工大臣として迎えられてはいたが、岸はオポチュニスト的優等生ではなかった。

44年、サイパン島の日本軍守備隊約3万人が玉砕《ぎょくさい》したことで、日本全土は完全にアメリカ軍の長距離爆撃機B29の攻撃射程に入った。岸は「サイパンを失っては、戦争継続は不可能だ」と東条に直訴したが、東条は「そういうことは参謀本部が考えることで、お前みたいな文官に何がわかるか」と一蹴した。

東条は岸を辞めさせて内閣改造を図ろうとしたが、岸は断固として辞任を拒否し、そのために閣内不一致で東条内閣は総辞職に追い込まれた。このため、岸は憲兵隊に付け回され、身の危険にさらされ続けた。

45年8月15日、日本の敗戦で太平洋戦争は終わった。約310万人の日本人がこの戦争でいのちを落とした。そして、同年9月15日、岸は戦犯容疑者として占領軍に逮捕されたのである。

名に代へて　聖戦の正しさを　万代までも　伝へ残さむ

（『岸信介の回想』）

これは逮捕される直前に、岸が山口県田布施村の自宅で詠んだ歌である。

A級戦犯を裁いた東京裁判について、岸は『岸信介回顧録』で次のように語る。

「東京裁判はドラマとしては壮大で、また深刻きわまりなかったが、今は、人間の知恵の浅さを思い知らせたことと『文明』の名に汚点を残したという記録にすぎないのである。

こういうわけで、巣鴨に収監されている間も『我々は、法律に違反した犯罪人である』という意識は全くなかった。あるのは勝者対敗者の関係であった。その関係において、敗者は勝者の手によって裁かれ、処刑されるのはやむを得ないと覚悟していた。従って、死は免れないものの、それまでに我々の意見、立場を堂々と主張し、日本だけが悪事を働いたという一方的な押し付けに反駁し、彼らの理非曲直を明らかにして真実を後世に伝えん、と意気軒昂といってもよい心境であった」

この文章を読む限り、岸は獄中ですでに意気軒昂《けんこう》の境地であったようだ。

さらに、岸は占領初期のGHQの基本方針について次のように述べている。

「日本の軍事力や工業力の抹殺はいうまでもなく、このような日本人の精神構造の変革、つまり日本国民の骨抜き、モラルの破壊に主眼があったことは間違いあるまい。日本人の復讐心の芽をつみ、日本人は欧米人種に比べて劣等であることを思い込ませ、現在の敗北と苦痛は、あげて日本人の不法かつ無責任な侵略によってもたらされたものであることを徹底させるために、天皇の権威の否定から戦争犯罪人の逮捕、神道及び神社への公共資金による財政的支持の禁止、果ては、歌舞伎忠臣蔵の上演禁止に至るまで、日本の国民生活の全分野にわたって強制、干渉、監視が仮借なく実施された。そしてその集大成が、今の日本国憲法である」(『岸信介回顧録』)

48年12月23日の深夜、つまり当時の皇太子の誕生日に、元首相の東条英機、元陸軍航空総監の土肥原賢二《どひはらけんじ》、元上海派遣軍司令官の松井石根《まついいわね》らA級戦犯7人の絞首刑が執行された。そして、その翌日クリスマスイブの日の朝、岸は元児玉機関の児玉誉士夫《こだまよしお》、元国粋大衆党党首の笹川良一《ささがわりょういち》ら19人のA級戦犯容疑者とともに東京・豊島区の巣鴨プリズン（東京拘置所）から釈放された。

そして、追放解除が近づくと、岸は新党を旗揚げして全国を演説して回る計画を立てていた。それに対して新聞記者たちが「戦犯容疑者や追放解除者が日本再編の音頭を取るのはおかしいという意見があるが」と問い質すと、岸はひるむことなく答えた。

「私は巣鴨生活で過去の一切は清算したつもりだ。自分としては政治の再建に携わる資格があると思う。東條英機内閣の閣僚だった、軍の手先だったと言われるかもしれない。それはある程度、事実だからやむをえない。現在の気持ちとしては、元商工相とか、翼賛政治会総務とか、そんな過去の経歴にこだわる気持ちはない」

国民の多くは戦争の影をひきずり、強いこだわりを抱いていたのだが、開戦と戦争遂行に深い関わりを持った岸は「過去の清算を終わった」と言い切ったのである。

第二章　安保闘争と自民党

岸内閣は憲法改正をめざした

岸信介《きしのぶすけ》は首相時代、自分の内閣がめざす政治の基軸は外交と治安だと言い切った。

そして、女婿の安倍晋太郎《あべしんたろう》（後の外相で安倍晋三《あべしんぞう》首相の父親）が「なぜ治安立法なんかに力を入れるのですか。得意の経済で勝負した方がいいのではないですか」と尋ねると、「首相というものはそういうものではない。経済は官僚でもできる。問題が生じたときに政治が糺《ただ》せばいいが、外交や治安はそうはいかない。首相になったからにはこのふたつにこそ力を入れる必要がある」と答えている。

ノンフィクション作家の塩田潮《しおたうしお》は著書『憲法政戦』のなかで、岸は「占領期に吉田元首相が敷いた『経済重視・富国軽軍備』路線からの転換をもくろんだ。占領政治の影を払拭して独立国にふさわしい国家経営のスタイルを確立するのが政界に復帰したときからのグランドデザインであった」と書いている。

岸はダレス・重光《しげみつ》のやりとりから、「不平等極まりない安保条約はもちろん改正しなければならないが、それは憲法を改正した後だ」と考えていたはずである。ダレス・重光のやりとりとは、鳩山《はとやま》内閣だった1955年8月、重光外相が安保改定のためにアメリカに向かい、ダレス国務長官と安保改定のために話し合いをしたときのやりとりのことだ。

吉田茂《よしだしげる》が51年に結んだ日米安全保障条約は、完全に占領政策の延長であった。というのも、アメリカがどこにでも好きな場所に、好きなように、思いのままに基地を作ることができ、好きな期間いつまでも、その基地を持続することができたからだ。しかも、アメリカ側に日本を守る義務がなかった。

そこで、鳩山内閣の重光外相はこのあまりにも片務的である安保条約を対等に近い条約に変えたいと思い、ダレスと交渉に臨んだのである。

ところが、ダレスはきわめて冷ややかだった。重光が、アメリカが日本を守ることの義務化を持ち出すと、ダレスはこう言った。

「アメリカが万一攻撃を受けた場合、日本ははたして軍隊を国外に派遣し、アメリカを助けてくれるのでしょうか」(『前掲書』)

この反論に対する答えを、重光は持っていなかった。なぜなら、日本国憲法によって自衛隊の海外派兵は禁じられており、他国を守ることは憲法の枠外の問題であったからだ。

実は、この重光とダレスの交渉を、自由民主党幹事長として会談に同席した岸はじっと聞いていたのである。

こうしたダレスと重光の激しいやりとりから、もちろん不平等極まりない安保条約は改正しなければならないが、それは憲法を改正して、アメリカが攻撃された場合に日本がアメリカを守るという条件を整えることが前提だと岸は考えたのである。

安保改定を主張したのは社会党だった

だが、首相となった岸は憲法改正をしないまま、安保条約改定に踏み切ることになる。それはなぜだったのか。

ひとつにはマスメディア、そして何よりも自民党の天敵である日本社会党（以下、社会党）の委員長をはじめ党幹部たちが、吉田の結んだ不平等な安保条約の改廃を強く求めたからである。

１９５７年２月の国会で、社会党委員長だった鈴木茂三郎《すずきもさぶろう》はこう言っている。

「この際、特に総理の所信を確かめておきたいことは、日米安保条約、日米行政協定に対する基本的な考え方であります。砂川流血事件のような、同じ血につながる同胞が血を流すといったような不幸な事件や、米国の軍政下の沖縄同胞の血みどろの抵抗を、総理は如何に考えられるのか、如何に見られるか。これらの問題について、アメリカ政府と交渉し、あるいは国連に提訴し、誠意をもって問題の解決に当たることはもちろん、こうした問題の根本的解決のため、同時に日本民族独立のために不平等条約の改廃を断行するため、総理は国民と共に政府をひっ下げて、力強く一歩を踏み出す決意をもっていないかどうか」(塩田潮『憲法政戦』)

また、同じ社会党の参議院議員会長だった羽生三七《はにゅうさんしち》は次のように主張した。

「この条約と協定は、サンフランシスコ平和条約締結の際に、早急の間に取り決められたものでありますが、実に多くの欠陥に満ちた条約であり、協定であります。しかも昨今の国内情勢との関連においてこれを見るときは、速やかに再検討さるべきであることはここにあらためて言うまでもないところと信じます」(『前掲書』)

さらに、和田博雄《わだひろお》も次のように発言している。

「安保条約あるいは行政協定というものは、私どもはもはや改正の段階にある、あるいは改廃の段階にある、あるいはもっと言葉を強めていえば、改廃を目標にして、何らかの積極的な手を打つ段階がきておると私は思うのです」(『岸信介回顧録』)

アメリカの姿勢が変わった

それと同時に、もうひとつ大きな変化が生じていた。重光外相に対しては冷淡そのものだったアメリカ自体が、姿勢を変えたのである。具体的に言えば、不平等条約を改定しなければならないと考え始めたのだ。

きっかけは、米軍基地反対闘争や事件が相次いだことだった。

1952年11月、石川県河北郡内灘《うちなだ》村（今の内灘町）にあった米軍の砲弾試射場に反対する住民らの闘争が起きたのに続いて、東京都北多摩郡砂川町《すながわちょう》（今の立川市砂川町《すながわちょう》）の米軍立川基地の拡張に反対する地元農民や支援者たちの砂川闘争が勃発。56年には警官隊との衝突で887人の重軽傷者が出た。

57年にはデモ隊の一部が基地内に侵入して逮捕される砂川事件が起き、59年3月には東京地裁が米軍駐留を違憲とする判決を出したが、この判決は最高裁で破棄されている。

また、57年1月には群馬県相馬村（今の榛東村《しんとうむら》）にあった米軍の実弾射撃訓練の演習地で、薬莢《やっきょう》を拾いに来た日本人農婦を米兵が撃ち殺すというジラード事件が起きて、日本国民の反米感情が高まった。

そこで、当時の駐日大使で、GHQ司令官だったマッカーサー元帥の甥《おい》にあたるダグラス・マッカーサー二世は、日本人の中立意識が高まり、安保条約廃絶の機運が高まるのを恐れ、岸首相と秘密の会議を重ねるなかで日本防衛の義務を負うことなど条約改定の提案をした。もちろんマッカーサーはアメリカ本国にも日本の反米感情の異常なまでの高まりを伝え、安保条約を大きく改定すべきだと求めていた。

実は、アメリカ側は岸を相当信用し、CIA（中央情報局）を通じて内外の共産勢力と戦うための資金を提供しており、そうした関係があったために、条約改定が順調に進んだと言える。しかも、重光外相の条約改定案には米軍基地を縮小するという項目があったのに対し、岸は基地縮小を求めず、むしろ日米関係の強化を求めていたのである。

57年6月、岸は首相として最初の訪米を行なった。ドワイト・アイゼンハワー大統領やダレス国務長官と安保改定問題を討議するためである。事前にマッカーサー大使が段取りを付けていて、協議ではお互いに項目を確認し合うだけであった。

アイゼンハワーもダレスも岸を歓迎し、上機嫌だった。実は討議する前に、岸はアイゼンハワーとゴルフをし、ともに裸になってシャワーまで浴びていた。

新しい安保には3つのポイントがあった。ひとつは、アメリカが新しく基地を作るときは日本側と事前協議を行なうこと。ふたつめは、アメリカが日本防衛の義務を負うこと。3つめは、条約の発効期間を10年とすることだった。明らかに、大きな改善だった。

ダレスはかつて重光に「アメリカが攻撃されたときに日本はアメリカを守ってくれるか」と問い、安保条約改定の前提として集団的自衛権の行使を求めたが、これも棚上げになったのである。

そして60年1月19日、ワシントンで新しい日米安保条約の調印が行なわれた。

なぜ国民は安保改定に反対したのか

岸首相ら全権団が新安保条約調印のため、60年1月16日に羽田空港を出発したとき、羽田空港周辺は全学連の学生や労働組合の人間たちで埋め尽くされていた。岸首相らの訪米を阻止するためである。

社会党、共産党、そして日教組、国労、動労など総評の強力部隊が安保改悪阻止で大団結していたのだ。

そして、実は私も岩波映画という会社の新人社員だったが、先輩たちと安保改悪阻止のデモ隊に連日のように加わって「安保反対、岸はやめろ」と連呼していたのである。恥ずかしい話だが、岸首相によって安保が改定されると日本はアメリカの戦争に巻き込まれることになると思い込んでいたのだ。

すでに第一章で述べたように、岸信介は東条《とうじょう》内閣の商工相で、敗戦後にA級戦犯として逮捕された。そして、東条たちA級戦犯7人が処刑された48年12月23日の翌朝、児玉《こだま》誉士男《よしお》や笹川良一《ささがわりょういち》らと一緒に釈放された。

安保改悪阻止闘争のリーダーたちはこの釈放の際、「岸とアメリカとの間に密約があったに違いない。それは日本がアメリカの戦争に参加するということで、だからこそ早々と政界に復帰できたのだ」とまことしやかに話した。私たちは確認らしい作業もせず、その話を信じていたのである。

また、運動のリーダーたちは「鳩山内閣の重光外相の安保改定交渉はアメリカの戦争に参加するという前提がなかったので、アメリカにすげなく断られたのだ」と説明した。もちろん、反安保闘争が広まった背景には、数々の反基地闘争やジラード事件などによる強い反米感情があった。

ここで、さらに恥ずかしいことを告白しておく。私は「安保改定反対、岸はやめろ」とデモ隊のなかで連呼していながら、実は吉田首相の最初の日米安保条約も、岸首相の改定された安保条約も全く読んではいなかったのである。

60年反安保闘争の全学連のリーダーのひとりであり、その後、国立大学教授になった人物と後に話し合ったことがある。実は、彼も吉田安保も岸安保も読んではおらず、「元A級戦犯でアメリカとの密約があって釈放されたと思い込んでいたのだ」と言った。そして、「全く恥ずかしい限りだ」ということで意見が一致したのだった。

それにしても、そもそも吉田安保が不平等極まりないとして安保条約の改廃を強く求めたのは、鈴木委員長をはじめとする社会党だったのである。

安保条約は明らかに改善されたわけだが、その社会党がなぜ安保改定阻止闘争の先頭に立って戦うことになったのか。まるで正反対の主張をすることになったのはどうしてなのか。しかも、多くの労組や全学連が参加して日本を揺るがす、歴史に残る大闘争となったのはなぜか。

私のように吉田安保と岸安保を読みもせずにデモに参加した人間も少なくなかったとは思うが、少なくとも社会党議員の幹部たちは吉田安保と岸安保の違いを熟知していたはずである。それにもかかわらず、なぜ安保改定阻止の闘いをしたのだろうか。

安保反対闘争の背景

そのきっかけとなったのは、1958年秋に岸内閣が国会に提出した警察官職務執行一部改正法案（以後、警職法）であった。

当時の警職法は48年の占領時代に制定されたもので、GHQの日本弱体化の方針に基づいて、民主警察の謳《うた》い文句の下で警察の権限が極力、縮小されていた。岸にとっては、独立国家にはふさわしくない法律であり、社会公共の安全を守るには不都合な時代遅れの法律だったのである。

岸は近い将来に憲法改正を考えていて、そのときに起こるであろう反対闘争を現在の警察力ではとても抑えられないと予測して、警職法の強化を図ろうとしたのだ。

そして、この警職法の改正に社会党、共産党さらに総評、全学連などが猛然と反対して、国会運営が困難になる騒動となった。

「治安維持法の復活」「庶民の日常生活が監視される」、そして「デートもできない警職法」が反対闘争のキャッチフレーズとなった。ホテルでデートしている枕元で、警官が臨検することになるというのである。

警職法改正案は、岸のやり方が強引だったためか、野党だけでなく自民党の反主流派、非主流派までが野党に連動するように岸を揺さぶり、58年11月に審議未了、つまり事実上の廃案となった。

そして、警職法改正案によって「岸こそは戦前の治安維持法の復活を狙う反動政治家」、言ってみれば「悪の権化」だというイメージが強まり、その岸が目論む安保改定は改悪に違いないということになったのである。

この年の年末には自民党内部で、池田勇人《いけだはやと》国務相、灘尾弘吉《なだおひろきち》文相、三木武夫《みきたけお》経企庁長官の3大臣が、党人事の刷新を叫んで辞表を出すという混乱が起きていた。

60年1月19日、新安保条約の調印後、岸が「今年は日米修好条約批准100年記念の年なので、大統領が訪日されることは日米関係にとって非常に意義がある」とアイゼンハワーに提案したところ、アイゼンハワーは上機嫌で「6月20日ごろ日本に行きたい」と答えた。

だが、国会周辺へ押し寄せるデモ隊の数が、日を追うごとに増えていた。それに対して、警官隊の方は警職法が廃案になったために阻止できる行為が限られていた。

繰り返し記すが、岸が警職法の改正を図ろうとしたのは、あくまで憲法改正のためであった。岸としては、安保改定は社会党やマスメディアの不平等条約改正の要請に応えるサービスであって、安保改定阻止騒ぎがこれほど大きくなるとは考えていなかったのである。

新安保と心中した岸信介

1960年4月26日に行なわれた全学連による国会前の闘争は、規模も激しさも凄まじく、学生たちはズラリと並んだ装甲車を次々と乗り越えて警官隊と対峙《たいじ》した。この日の闘争で大勢が逮捕され、多数のケガ人が出た。

国会内でも、野党は力ずくで審議を妨害し、自民党内の反主流派も「新条約の無理押し反対」と叫んで野党に同調した。

岸は焦った。というのも、国会の会期は5月26日までであり、自然成立まで1か月という時間も見込むと、反主流派の批判に耳を貸している余裕はなかった。5月に入ってアメリカ側から大統領の訪日スケジュールが伝えられ、6月19日の訪日が決定した。大統領はまずフィリピンを訪問し、ついで東京、ソウル、台北を歴訪することになっていたのである。

アイゼンハワー大統領が訪日すれば、国民は熱狂的に歓迎し、岸の立場は強化されるはずであった。だが、その前に何としても新安保条約を成立させておかねばならない。そして、6月19日までに新安保条約を自然成立させるためには、1か月前の5月19日にはどんなことがあっても参議院を通過させなければならなかった。

岸政権は、当然予想される社会党の暴力的とも言える採決妨害に対抗して、単独強行採決に踏み切ることにした。しかし、本会議での強行採決案は自民党議員にさえ事前に知らされていなかった。総指揮者は、川島正次郎《かわしましょうじろう》幹事長であった。

そして、5月19日当日を迎えた。

与野党の攻防を予測して、院内の衛士を非常勤も含めて150人から250人に増やして動員した。「自民党が右翼や暴力団などを集めているらしい」という情報を摑《つか》んだ社会党は、全国から1500人の行動隊を港区・虎ノ門の共済会館に大挙させた。

この日午後4時半、自民党は急きょ緊急議員運営委員会を開いて会期延長を決定し、本会議を開催できるよう自民党議員が多数で議場の正面入り口を占拠した。議長を本会議場に送り込める態勢を固めたのだ。

社会党の秘書団がそれに体当たりを繰り返したが、自民党議員団の態勢は崩れなかった。

国会周辺には、全学連のデモ隊が機動隊と衝突しながら渦巻きデモを繰り返していた。

午後10時半すぎに本会議開始のベルが鳴り、自民党議員だけが会場に入った。社会党や民社党は審議拒否を決めて入場せず、秘書団とともに議長室入り口前でスクラムを組み、議長が本会議場に入るのを阻止した。

それに対して500人の警官隊がごぼう抜きにかかり、議長が本会議場によろけながらたどりついたのは午後11時50分だった。

清瀬一郎《きよせいちろう》議長は席に着くと、ただちに50日間の会期延長を議決した。そして、社会党議員たちにもみくちゃにされながら安保改定関係法案について小沢佐重喜《おざわさえき》（自民党幹事長や民主党代表を務めた小沢一郎の父親）安保特別委員長の報告を聞く形で一挙に可決した。

自民党元首相の石橋湛山《いしばしたんざん》をはじめ、河野一郎《こうのいちろう》、松村謙三《まつむらけんぞう》、三木武夫、宇都宮徳馬《うつのみやとくま》ら12人が本会議を欠席した。

翌朝の新聞各紙はいずれも岸内閣の強行単独採決を激しく批判し、朝日新聞は5月21日の社説で「国民を裏切るものであり、岸内閣は退陣すべきだ」と主張した。

そして、国会周辺のデモは一層激しさを増した。

6月10日、ホワイトハウス報道官のジェイムズ・ハガチーが事前打ち合わせのために羽田に着いたが、空港から車でアメリカ大使館に向かう途中、全学連のデモ隊に幾重にも包囲されてしまった。そして、同乗していたマッカーサー大使とともに米軍のヘリコプターで脱出せざるをえなかった。

だが、ハガチーはあくまで「大統領の訪日予定は変えない」と明言し、新聞各紙が岸退陣を迫るようになっても岸は強気で揺るがなかった。

ところが、6月15日に事態が大きく変わった。

この日、全学連のデモ隊は国会の南通用門から国会内への突入を図り、警官隊と激しく衝突したのだが、そのなかで東大の女子学生だった樺《かんば》美智子《みちこ》さんが死亡するという事故が起きたのである。

この事故が、決定打となった。翌16日、岸はアイゼンハワー訪日を断ることを決意し、同時に内閣総辞職を決めたのだった。

岸は6月19日の新安保条約の自然承認を待って辞任した。つまり、新安保条約と心中する形で首相の座を降りたのである。

もっとも、岸は新安保条約成立で事成れりと考えていたわけではない。

私は、現役を退いた後の岸と二度会っている。

一度は佐藤栄作《さとうえいさく》内閣の頃、岸の事務所でインタビューしたが、予想とは全く違って穏やかな、人格者という印象が強かった。驚いたのは、自分の弟である佐藤栄作を痛烈に批判したことだ。岸は「弟はだらしない。憲法改正を断行すべきだ」と主張した。

そして、「憲法を改正して、アメリカと本当に同盟と言える関係を結ぶべきだ」と語った。

本当に同盟と言える関係とは、ダレスが重光外相に要求した双務的な安保条約である。つまり、集団的自衛権を行使することを意味すると思われたが、このとき私はそのことを岸に確認しなかった。

第三章　高度経済成長と自民党

池田内閣による所得倍増のシナリオ

1960年7月、池田勇人《いけだはやと》内閣が発足した。

私はすでに述べたように、岸首相の安保条約改定は日本を戦争に巻き込むための改悪だと思い込み、連日のように安保反対デモに参加していた。デモによる疲労に加え、新安保条約が成立した虚脱感から、政界の動きにはほとんど関心がなかった。

ところが、同年10月にそんな倦怠感《けんたいかん》を吹き飛ばす衝撃的な事件が起きたのである。東京・千代田区の日比谷公会堂で行なわれた立会演説会で、演説していた社会党の浅沼稲次郎《あさぬまいねじろう》委員長が17歳の山口二矢《やまぐちおとや》に刺殺されたのだ。

新聞のなかには刺殺事件と自民党との関係を示唆する記事もあったが、私が興味を持ったのは池田首相の行動であった。池田首相は事件後の臨時国会冒頭で浅沼委員長に対する追悼演説を行い、日本労農党時代の同志が浅沼のために作った歌まで披露したのだった。

沼は演説百姓よ

よごれた服にボロカバン
きょうは本所の公会堂
あすは京都の辻の寺

改めて池田首相について調べてみると、池田が料亭での宴会に出席せず、ゴルフも一切やらないと決めていることがわかった。池田内閣のモットーは「寛容と忍耐」で、野党に対しても報道陣に対しても低姿勢で対応していることも知った。

憲法改正や小選挙区制の導入などの実施を掲げ、安保改定をめぐって大騒動を引き起こした岸信介《きしのぶすけ》をいわば反面教師にしたのである。

同年11月20日の総選挙を前に、池田は所得倍増政策の具体的なシナリオを発表した。政策の骨子は、61年度から4年間にわたって年平均9％の成長率を維持すること。64年の国民総生産を20兆円とし、59年度の1・6倍とすること（現実は30兆円に達し、約2倍）。国民一人当たりの平均所得については64年度に17万円に引き上げ、4年間で1・5倍とすること（現実は25万円と4年間で約2倍になり、とくに低所得層は4倍になった）などである。

また、社会保障、減税、経済二重構造の是正などを謳《うた》ったほか、「憲法改正も、小選挙区制の導入もしない」と繰り返し明言した。これは、社会党などの野党からしても文句のつけようのない内容で、メディアも池田の政策を評価する論調となった。

浅沼暗殺によって池田内閣としては船出早々に逆風に見舞われる格好であったが、総選挙の結果は前回に比べて当選者数を9議席増やす快勝となった。

実は、私はこの頃、つまり60年11月に結婚している。最初に借りたアパートは4畳半一間で、風呂もトイレもなかった。家具らしきものと言ったら、リンゴを詰める木箱のうえに板を置いたものだけ。それが、私が原稿を書くためのデスク代わりであった。

私たち夫婦は共働きで、お金を稼いでは家財道具を買って行った。食べ物が腐らないようにと、最初に買ったのが小型の電気冷蔵庫である。しばらくして、電気掃除機を買い、やがて電気洗濯機も買った。

ささやかだが、着実に家財道具が増え、豊かさが増していると実感できた。そして、東京オリンピックが開催された64年にはテレビを買い、6畳1間のアパートに移った。

池田首相の所得倍増政策は、池田が示した目標を現実の方が上回り、国民は成長を実感できたのである。

エコノミック・ポリティクスへの転換

1962年11月に池田首相がヨーロッパ諸国を歴訪した際、日本の新聞各紙は「フランスのドゴール大統領に池田首相はトランジスタラジオのセールスマンと言われた」と報じた。池田が日本製品の売り込み、つまり商売しか考えていないという皮肉たっぷりの記事であった。

この報道の真偽について、池田首相の秘書でヨーロッパ行にも同行した伊藤昌哉《いとうまさや》（故人）に、かつて尋ねたことがある。

「それは全く違っていて、ドゴールだけでなく西ドイツのアデナウアー首相にも英国のマクミラン首相、イタリアのファンファーニ首相にも日本経済を予想以上に高く評価され、池田は自信を強めたのだ」

伊藤はそう答えると、まるで池田本人が乗り移ったかのように演説を始めた。

「かつて日本は朝鮮半島、満州・中国、そしてアジアの国々に武力進出して世界の非難を浴び、無惨な敗戦に追い込まれた。

しかし、日本の武力進出はつまるところは、資源と安い労働力と市場を獲得するのが目的だった。かつては、そういう形でしか国力の拡大、経済の発展・繁栄が得られなかったのだ。だが、ヨーロッパ各国の首脳と胸襟を開いて話し合うことで、池田は経済が外交の武器になると確信した。

とくにヨーロッパ全体をダイナミックに活動させているEEC（ヨーロッパ経済共同体）の現実を見て、軍事力そのものを競うパワー・ポリティクスの時代からエコノミック・ポリティクスの時代に変わっていると実感した。そして、パワー・ポリティクスの岸首相からエコノミック・ポリティクスに転換した池田の政策が正解だったと強い自信を得た。

池田は首相になる以前から、外交というのは自由陣営から信頼され、共産陣営から畏敬されることだと考えていたのだが、ヨーロッパで軍隊のないことを全く批判されず、日中LT貿易で北京政府が池田への評価を高めたことで、『自分は間違っていなかった』と再確認できたのだ」

池田の側近で後に首相になる宮澤喜一《みやざわきいち》（故人）にも、池田内閣のやり方について聞いたことがある。

宮澤は「池田内閣は社会党を敵視せず、対話の相手と考えていた」と語り、「私は今の憲法でわが国は結構やっていけると思っている。世論が6対4とか7対3といった分かれ方をしている場合には改正はすべきでない。仮に数で押し切って改正が成立しても、そのような経過をたどった改正はその後の国民生活に到底定着しない」と述懐した。

絶頂のなかで死去した池田首相

1964年は、池田首相が絶頂に向けて坂を一気に駆け上ったかに見えた年であった。

何と言っても最大のビッグイベントは、10月に開幕した東京オリンピック大会である。アジアでは初めてのオリンピックで、日本は世界に向かって高度経済成長の成功をアピールしたのであった。

国内インフラでは、オリンピック開催に合わせて9月には名神高速道路が開通し、10月には東海道新幹線が開業した。東京の大改造も行なわれ、都心と羽田空港を結ぶ首都高速道路が開通した。

経済の分野では4月、日本はIMF（国際通貨基金）協定8条の規定に基づいて為替制限を撤廃するＩＭＦ８条国になるとともに、ＯＥＣＤ（経済強力開発機構）にも正式に加盟した。国際社会で先進国としての地位を確立したのである。

政治の分野では、７月に実施された自民党総裁選で、池田はライバルの佐藤栄作《さとうえいさく》を破って３選を果たした。この勝利によって少なくとも67年７月までは、引き続き権力の座に留まることになったのである。

ところが、総裁選で３選を果たした直後から、池田は喉《のど》の異常を訴え始めた。そして、64年９月に東京・中央区築地の国立がんセンターに入院した。喉頭《こうとう》ガンであった。10月10日、池田首相はオリンピック開会式に出席した。テレビ中継で見る顔は元気そうだったが、これが、池田が首相として国民の前に姿を見せた最後となった。

オリンピックの開会中に池田は辞意を固めたが、オリンピックの盛り上がりに水を差すことを恐れ、閉会式の翌日、10月25日に首相辞任の意思を表明している。

後継総裁には佐藤栄作、河野一郎《こうのいちろう》、藤山愛一郎《ふじやまあいいちろう》の３人が強い意欲を示したが、結局、佐藤が指名されることになった。

日韓条約が反対されたのはなぜか

佐藤栄作首相について、私は率直に言ってよい印象を持っていなかった。というのも、A級戦犯として巣鴨《すがも》プリズンに収監された岸信介の弟という負の前提があるうえに、明るく開放的な池田勇人とは対照的に、高圧的で閉鎖的な政治家というイメージが強かったからである。

首相時代の佐藤に関する新聞記事や雑誌の論評を集めてみると、「権力的」「陰険で内向的」「官僚的独善」「冷酷」など、見事に負のキーワードばかりが氾濫《はんらん》していた。私の佐藤に対する印象も、多分にこうした論評に影響されたものだろう。

佐藤内閣時代の出来事として象徴的なのが、日韓の国交正常化である。

65年6月、佐藤首相は日韓基本条約の調印を行なった。かつて日本の植民地だったために戦後20年間にわたって国交がなかった韓国との関係を正常化させたのである。

ところが、条約の批准をめぐり、国会では社会・公明・民社・共産など野党の激しい反対で事実上の審議凍結が続き、最後は議長の抜き打ち発議で自民党単独の強行採決となった。

全野党だけでなく労働組合や全学連の学生たち、さらに多くのメディアが日韓条約を不当だと攻撃した何よりの理由は「韓国が朝鮮における唯一の合法的な政府だ」と明記したことであった。

この条約では北朝鮮を排除するとともに、朝鮮半島の南北分断を正当化していたため、米日韓で北朝鮮や中国の封じ込めを図る帝国主義的な条約だという批判がメディアに氾濫したのである。

朝日新聞は「日本政府は何が故にこの時期に譲歩をあえてしながら受託を急がねばならなかったのか」と疑問を投じ、毎日新聞も「北朝鮮の存在をないがしろにして南北統一を阻害する恐れあり」と強く批判した。

当時、日本のメディア・言論界では「韓国は軍事独裁国家であり、北朝鮮こそが理想的な国家だ」とする常識がほぼ定着していた。そして、私自身も率直に言ってメディアの風潮に違和感はなかった。

日韓条約は、いわば世論の大顰蹙《ひんしゅく》を買った岸首相の安保条約改定の延長線上の出来事として世論は捉え、私自身もそう認識したのであった。

「明日へのたたかい」で一変した佐藤観

ここで、佐藤首相からは逸脱することになるが、私自身の認識の錯誤について記しておきたい。

繰り返しになるが、1960年の岸内閣の安保改定騒動の際、私は連日のようにデモ隊に参加して「安保反対」「岸はやめろ」と叫んでいた。

岸首相が巣鴨プリズンから釈放されたときにアメリカとの密約があって、「安保改定は日本をアメリカの戦争に巻き込むためのものだ」と思い込んでいたのである。デモ隊では、それが共通認識になっていた。

私が岸首相に悪感情を抱いていたのは、A級戦犯つまり戦争加担者であることに加えて、憲法改正を強く主張する政治家であったためである。

もちろん、現憲法はGHQが密室作業によって作り上げ、日本を再び戦争のできない国にするのが目的であったことはわかっていた。しかし、それと同時に日本を理想的な民主主義国にしようともしており、主権在民や基本的人権、言論・表現・結社・宗教の自由などの原則については、日本人の発想を大きく超えたすばらしい憲法だと私は捉えていた。

実を言えば、そうは思っていたものの自信がなかったというのが本音で、70年の秋に著名な京都大学教授であった高坂正堯《こうさかまさたか》氏（故人）から「戦争には敗れたけれど、あの憲法にはしびれたねえ」と言われて、やっと「我が意を得たり」と自信を付けたのである。

話を佐藤内閣に戻す。

佐藤首相についても、私は当然、兄の岸信介と同様に憲法改正・再軍備論者だと思い込んでいた。池田首相は経済重点主義に路線転換したが、池田の後継である佐藤は自民党結党の原点に戻り、憲法を改正してイギリスやフランスのように軍隊を有する普通の国にしようと考えていると捉えていたのである。

私がそんな佐藤首相を見直すきっかけとなったのは、その政権構想である「明日へのたたかい」を読んだことであった。これは、64年7月に池田政権下で行なわれた自民党総裁選に佐藤が挑戦したときの政権構想で、この総裁選では池田が勝って3選を果たしている。

私が「明日へのたたかい」を読んだのは佐藤政権が終わった後で、佐藤の秘書官だった楠田實《くすだみのる》に見せられたのであるが、この政権構想を読んで私の佐藤観は一変した。

一読して驚いたのは、冒頭にいきなり「戦争を前提に物事を考えていた時代は終わった」と書かれていたからだった。

「もはや戦争のない方向に動いていることを、われわれは感じる。（中略）わが国は、いずれの陣営とも、いずれの国とも、平和共存することを内外に明らかにしたいと考える。（中略）日米安保体制は、現状変更をしない」

社会党や共産党はアメリカやヨーロッパ、韓国などを敵視していたが、佐藤は東西両陣営との平和共存を謳《うた》っていたのである。「戦争を前提に物事を考えていた時代は終わった」「東西いずれの陣営とも平和共存することを内外に明らかにしたい」というのは、反戦平和を掲げる社会党や共産党ですら及びもつかない平和主義ではないか。

さらに、佐藤は憲法問題でも「現行憲法の平和、国民主権、基本的人権などの精神をよりよく守り抜かねばならない」として、明確な護憲路線を打ち出していた。

繰り返し記すが、私が「明日へのたたかい」を読んだのは佐藤政権が終わった後で、佐藤政権をずっと誤った目で見ていたのである。

沖縄返還の実現

その佐藤首相の実績で取り上げねばならないのが、沖縄返還の実現である。

1965年8月、佐藤首相は日本の首相として戦後初めて沖縄を訪問し、「沖縄の祖国復帰が実現しない限り、わが国にとって『戦後』は終わらない」と言い切った。

だが、このとき、マスメディアの多くは無責任な、その場限りの思いつき発言として冷ややかに受け止めた。

たとえば、朝日新聞は「首相に厳しい沖縄の現実」という見出しを掲げ、佐藤がデモ隊を回避するために予定していた全日空ホテルではなく、米軍基地に宿泊したことを厳しく批判した。読売新聞も同様である。

そして、「人気取りを狙った思いつき発言に縛られて佐藤の焼身自殺になる」と心配する声が、佐藤陣営内でも高まった。つまり、沖縄返還など実現するはずがない。そんなことはありえないと外務省を含めた関係者、専門家たちは思い込んでいたのである。

だが、沖縄の祖国復帰発言は、決してその場限りの思いつきではなかった。64年7月の総裁選で池田3選に挑戦したときに、すでに佐藤の政権構想の主柱のひとつとなっていたのである。

それにしても、佐藤はなぜ先達の誰もが手を出さなかった沖縄返還に取り組もうとしたのか。楠田實に問うた。

「吉田茂さんの助言が大きかったと思う。吉田さんはサンフランシスコ講和条約で沖縄に対するアメリカの統治を承知せざるをえなかった。しかし、ダレスとの交渉で残存主権は日本にあると認めさせた。つまり、沖縄返還の手がかりを残すことに成功したわけだ。池田は高度成長という時流に乗っただけで、国家の建て直しについてはすべて先延ばしにした。吉田さんも、池田はその程度の人間だと考えていて、期待していなかった。だから、佐藤に『せっかく俺が作った手がかりをぜひお前がものにせよ』と言っていたのではないですか」

楠田にこの話を聞いたのは2003年6月のことだ。彼が亡くなる3か月前だったが、楠田の話は非常に説得力があった。

佐藤は粘りに粘ってアメリカとの交渉を続け、「焼身自殺」とさえ揶揄《やゆ》された沖縄返還を実現させた。

71年6月に沖縄返還協定が調印され、72年1月にアメリカのサンクレメントで行なわれた佐藤・ニクソン会談で同年5月15日の沖縄返還が決まった。

佐藤は67年12月の衆議院予算委員会で質問に答えて、本土での非核三原則「核を作らず、持たず、持ち込みを許さない」を表明したが、本土と同じように核兵器を配備しない「核抜き、本土並み」の返還であった。

この非核三原則が世界的な評価を受け、佐藤は退陣後の74年12月に日本人初のノーベル平和賞を受賞している。

暴露された日米合意の密約

だが、沖縄返還に関する「核抜き、本土並み」という日米合意には、重大なふたつの密約が存在していたことが後に明らかになった。

ひとつは、朝鮮有事などの非常時には沖縄に核兵器を持ちこむことをアメリカに保証した密約である。佐藤首相の密使として沖縄返還交渉の舞台裏で働いた京都産業大学教授（当時）の若泉敬《わかいずみけい》が1994年に刊行した『他策ナカリシヲ信ゼムト欲ス　核密約の真実』という書で、その密約の存在を記したのである。

その一節を引用する。

若泉「向こうが（核の再持ち込みを・筆者注）どうしても書いたもので保証してくれ、と固執して譲らない場合は、――その可能性は非常に高いのですが、一つの方法として、合意議事録にして残し、首脳二人がイニシァルだけサインするというのはどうですか。
絶対に外部には出さず、他の誰にも話さず、ホワイトハウスと首相官邸の奥深くに一通ずつ、極秘に保管するということでは」
佐藤「向うは絶対、外部には出さんだろうな」
若泉「それは、大丈夫です。強く念を押し、確認してきています。心配なのは、むしろ、こっちですよ」
佐藤「それは大丈夫だよ。愛知（外相・筆者注）にも言わんから。破ったっていいんだ。一切、言わん」

（『他策ナカリシヲ信ゼムト欲ス　核密約の真実』）

もうひとつは、毎日新聞記者の西山太吉《にしやまたきち》が追及した密約で、沖縄返還に関する日本側の裏負担が2億ドルに上ったと報じられている。
それにしても、若泉は沖縄返還から20年以上も経った94年になって、なぜ秘密協定の内幕を露呈する書を出版したのだろうか。
楠田實に問うた。

「若泉さんはぼくに『すべては墓場まで持っていく』と約束していた。佐藤さんもそのつもりだったと思います。ところが、ある日、若泉さんから手紙で『あなたには墓場まで持っていくという約束をしていたが、申し訳ないけれども本を書いて発表することにした』と言ってきた。ぼくは『歴史の1ページなのだから歴史は正しく伝えた方がよい』と否定しませんでした。歴史は偽るわけにはいきません」

楠田は私をまっすぐに見て言った。このとき、私は3か月後に死去する楠田の目に尋常ならぬ覚悟の重さを感じたのである。

楠田は産経新聞の記者として当初は河野一郎《こうのいちろう》を担当していたが、佐藤に気に入られて秘書官に迎え入れられた人物だ。

楠田に「明日へのたたかい」について話を聞いたとき、楠田はSオペレーションという言葉を口にした。これは、ジョン・F・ケネディ大統領がハーバード大学の俊才らを集めて政策を検討させたのに倣《なら》い、楠田が後に作ったブレーン集団のことで、Sは佐藤のイニシャルだ。

63年のクリスマスイブに、楠田はひとりで世田谷代沢の佐藤邸を訪ね、このプロジェクトを切り出したと言う。

当時はクリスマスパーティが盛んで、政官財そしてサラリーマンたちも夫人同伴のパーティを開くのが社会慣習のようになっていた。その夜も、夫人の佐藤寛子《さとうひろこ》は吉田茂《よしだしげる》の娘である麻生和子《あそうかずこ》のパーティに招かれていた。ところが、佐藤はそうしたパーティに出るのを嫌い、ひとり食堂でトランプ占いをしていたのだ。

自らもパーティを嫌い、佐藤がひとりで自宅にいると見込んで自宅を訪ねるところが楠田という人物の真骨頂で、ふたりは相性がよかったのだろう。

密約の存在を暴露する若泉の書は、その楠田が了解したことだから、もし佐藤が生きていたとしても異を唱えることはなかったに違いない。

民主主義の申し子

「田中さんは敗戦による民主主義の申し子のような政治家だ。民主主義、敗戦後の混乱がなければ生まれなかった」

田中政治を継承したと言われる竹下登《たけしたのぼる》が首相時代、田中角栄《たなかかくえい》という人物について尋ねたところ、こう答えた。

佐藤栄作の後継者として首相・自民党総裁に上り詰めた田中角栄は1918年5月4

日、新潟県刈羽郡西山町二田村（現在の柏崎市）に生まれた。父親の角次は牛馬の売買仲介を営み、北海道で牧場を持とうとしたり競走馬を育てたりと意欲にあふれた人物であったが、失敗も多く、田中家の生活は楽ではなかったようだ。

田中は尋常高等小学校を卒業後に上京した。丁稚奉公のような仕事をしながら中央工学校を卒業すると、東京・新宿区飯田橋に田中土建工業を設立した。

ところが、田中は46年4月に行なわれた戦後第1回の衆議院議員選挙に出馬している。当時27歳の田中は田中土建工業の社長で、今風に言えば青年実業家だった。その田中が政治の世界に頭を突っ込んだのはなぜか。

そこには竹下の指摘通り、戦後の混乱期ならではの事情があった。

田中は理研コンツェルンの総帥である大河内正敏《おおこうちまさとし》に気に入られて、戦争末期に理研の工場のひとつを朝鮮の大田《たいでん》に移設する工事を全面的に請け負い、巨額の金を手にしていた。

そのことを知ったせいか、田中土建工業の顧問をしていた政治家の大麻唯男《おおあさただお》が田中に「300万円の政治資金を出してくれないか」と要請して来た。今で言うと18億円にも上る巨額の金であるが、田中は大麻の頼みを快く了承したのだった。

さらに、大麻は田中自身の衆議院選への出馬を強く求めた。

同年1月にはGHQによる公職追放が行なわれ、戦時中に枢要なポストにあった政財官界の有力者たちが追放された。大麻が所属していた進歩党の追放者は、実に274人中260人に上り、大麻も追放されてしまった。

進歩党の解体を防ぐためには、ひとりでも多くの国会議員が必要だった。そこで、大麻は田中に白羽の矢を立てたのである。

田中は『私の履歴書』で、こう記している。

「私は代議士になる気はなかったので一度はことわったが、(大麻から)二回ほど重ねて話があったので、そのころ鹿島組を辞めて私の土建会社の監査役をしていた塚田十一郎くん(前新潟県知事)に口をかけてみたが、彼もまた頭を横に振ってだめであった。(中略)私はしまいに『いくらくらい金が必要ですか』と聞いたら(大麻は)『十五万円出して、黙って一ヵ月間おみこしに乗っていなさい。きっと当選するよ』。私はこの一言に迷った結果、進歩党公認候補として衆議院総選挙に立候補の冒険をあえてするはめになるのである」

まさに竹下の指摘通り、戦後の混乱なくしては政治家・田中角栄は生まれなかったのである。

55年体制を打ち壊す

田中角栄が好んで口にする言葉があった。

「土方、土方というが、土方は一番でかい芸術家だ。パナマ運河で太平洋と大西洋をつないだり、スエズ運河で地中海とインド洋を結んだのもみんな土方だ。土方は世界の彫刻家だ」

これは、工事現場でトロッコ師の仕事をしていたとき、一緒に現場で働いていた老工夫に聞かされた言葉だという。

もうひとつは、田中が通った小学校の校長で、終生にわたって心の師と仰いだ草間道之輔に教えられた言葉である。

「人間の脳とは数多いモーターの集まりである。普通の人間はそのなかの10個か15個のモーターを回しておけば生きていける。しかし、脳内のモーターは努力しさえすれば、何百個でも何千個でも回せる。それは勉強することであり、数多く暗記することである。人間一人ひとりの脳のなかには、世界的学者である野口英世になれる力があることを忘れてはならない」

この言葉からは「人間の潜在力には限りがなく、努力をすれば不可能なことはない」という強いメッセージが発せられている。

田中は恩師の教えを大切にした。広辞苑《こうじえん》をはじめ、六法全書、英和辞典、漢和辞典、そして江戸小唄に至るまで、何でも1ページずつ破いてはポケットに入れて暗記する。暗記したら次のページを破るという方法で、片っ端から頭のなかに叩《たた》きこんだのである。

警察官僚から田中に勧められて政治家となった後藤田正晴《ごとうだまさはる》は「田中さんの知っている英単語の数には、ぼくらはとても敵わなかった」と告白している。

田中角栄という政治家を戦後政治史にどう位置付けるか。田中を無名の時代からよく知っている元国土庁事務次官の下河辺淳《しもこうべあつし》に聞いたところ、「一言で言えば、55年体制をぶち壊した政治家です」と答えた。55年体制とは第一章に記したように、自民党と社会党が保守と革新というイデオロギーによる対立構造で勢力を拮抗《きっこう》させた体制のことである。

吉田茂以後の歴代の首相は、2か月という短期政権となった石橋湛山《いしばしたんざん》を除いて、すべて旧帝国大学を卒業し、高級官僚を経て政治家となったエリートばかりだった。官界や財界も旧帝国大学出身者が仕切っていたので、彼らはその学閥によって政財官三位一体のピラミッドの頂点に君臨したわけである。

「自民党が社会党という政権奪取の能力はおろか、野心も気力もない政党を疑似ライバルとして格好づけるのが国会対策の基本でした。そして、党内では資金集めなどの汚れ仕事を大野伴睦《おおのばんぼく》、河野一郎、川島正次郎《かわしましょうじろう》ら党人の実力者に任せて、エリートは手を汚さない。汚れ役はさんざん働かせ、しかも絶対に首相にはしないで、使い捨てる。これが55年体制です。いやらしいけれども万全の体制です」

田中も早くからエリートたちの役に立つ政治家として認知され、歴代の首相にも重宝がられたが、他の党人政治家たちと同じように使い捨てられる運命にあったはずだ。にもかかわらず、大野や河野と違って首相にまで上り詰めることができたのはどうしてなのか。なぜ55年体制をぶち壊すことができたのか。

竹下はこう答えた。

「角さんのすごいところは法律をやたらに勉強していて、実に詳しく知っていたことです。33本もの議員立法を行なっていて、これはもちろん史上最多だし、おそらく今後も破られない記録でしょう。これは池田勇人さんや佐藤栄作さんにもできなかったことです。その意味では今までにない新しい形の政治家でした。

それと、官僚機構を思いのままに使いこなせたということです。党人派の政治家は官僚の扱い方が決定的に下手で、官僚にバカにされているというコンプレックスもあって、恫喝《どうかつ》や人事で強引に従わせようとする。しかし、角さんは官僚を見事に味方にした」

このとき、竹下は話を半分以上、自分自身と重ねて語っていたと思う。田中のように議員立法こそしなかったものの、竹下も官僚の使い方が実にうまかった。

田中は課長以上の官僚の誕生日をはじめ、結婚記念日や子どもの誕生日などを全部知っており、記念日にはちゃんと贈り物をしたのだった。しかも、田中はそれらを全部、記憶していたのだった。

竹下は覚えることができないので、有名な「竹下の巻き紙」というのを作って、それに全部書き記していた。

法律を使いこなした田中角栄

田中角栄は官僚を使いこなして、いったい何をしようとしたのか。

1980年、私は田中が失脚して以来6年ぶりのインタビューに成功している。このとき、「なぜ、あなたは法律を使いこなせるのか」と田中に尋ねたところ、こういう答えが返ってきた。

「法律というのは、ものすごく面白いものでしてね。生き物だ。使い方によって、変幻自在、法律を知らない人間にとっては、面白くない一行、一句、一語一語が、実は大へんな意味を持っている。すごい力も持っている。生命を持っている。面白いものです。壮大なドラマが、その一行一句にこめられているのです。

それを活用するには、法律を熟知していなければならない。それも、法律学者的な知識ではなく、その一行、その一語が生れた背後のドラマ、葛藤、熾烈な戦い、それらを知っていて、その一行・一語にこめられた意味がわかっていることが必要です。

私はそういう方向で法律や予算や制度を見ているのです。特にいまの法律や制度、仕組みは占領軍時代につくられたものが多く、法律制定の背景や目的がわかっていないと運用を間違うのです」

では、田中はなぜ、法律の一行一行に込められた意味がわかっていたのか。そのことを聞くと、田中は「今の日本の法律は非常に特異な法律です」と言った。

そこで、私が「何が特異なのか」と重ねて尋ねると、こんな答えが返ってきた。

田中「特異も特異、大特異です。それは、まだ占領軍が占領目的達成のために作った法律が多いからです」

田原「憲法……」

田中「むろん憲法も何もかも、全てそうです。そして占領軍の目的は、といえば、これは簡単明瞭」

田原「何です？」

田中「第三次世界大戦が起これば、これは人類の破滅だ。（中略）そこで、枢軸三国の国家体制を徹底的に打破し、細分化して、戦争の種を徹底的につぶす。そのために、一方では、勝者は勝者としての権利を放棄する。（中略）敗戦国をぎりぎりまで追いつめることはしない。第一次大戦のドイツで懲りているからね。そして一方で、民主化、自由化の名において、非戦力化、徹底的武装解除。（中略）一言で言えば日本弱体化が基本です」

田原「民主化という名の日本弱体化ですか」

田中「農地解放、婦人参政権、労働基本権の確立などとか、いいこともやった。しかし、基本は、徹底的な武装解除だ」

田中によれば、GHQは日本の弱体化を民主化という言葉でごまかしたのだ。そして、GHQは経済復興をめざす吉田茂や鳩山一郎《はとやまいちろう》を嫌い、むしろ社会党や共産党を応援したと説明した。

田中は、「ところが」と言って続けた。

「平和の敵が別におることがわかった。それはクマ（ソ連のこと・筆者注）だ。ソ連を主軸にしたワルシャワ条約機構だ。そこで、いままでの生かさず殺さず政策から、クマに対抗するために、日本、西ドイツを再軍備させて、西側陣営の連帯強化を図ろうと、政策の大転換をした」

「アメリカは追放していた古い政治家たちをどんどん復権させた。一方、民主化のシンボルのように扱っていた社共、とくに共産党をつぶす策に出たわけです。日本弱体化のために作らせた法律を、今度は日本強化のために作り変えることになった。これが日本の法律の大特異な点だ」

そして、田中は「公営住宅法、新道路三法、水資源開発法、電源開発促進法、河川法一部改正法、国土綜合開発法、各軍港都市整備法、北海道東北開発法、官庁営繕統一法、高速道路連絡促進法、新幹線建設促進法」と、自分が中心となって作った法律の名前をまるで歌うように並べた。

つまり、GHQは日本を弱体化するための法律をどんどん作り、政策転換後、今度は日本を強化するためにその法律を作り替えたというわけだ。

田中は、その両方をリアルタイムで知っている数少ない国会議員であった。

日本列島改造論

1972年6月、佐藤栄作首相がテレビカメラに向かって退陣表明をした3日後、次期首相となる田中角栄の著書『日本列島改造論』が発売された。もちろん、このタイミングを見計らって発表したのに違いない。同書は、瞬く間に90万部に迫る驚異的ベストセラーとなった。

田中政権の業績としては、第一に日中国交正常化が挙げられる。確かに、この業績によって田中の名は日本史に刻まれることになるだろう。しかし、田中政治の本質をよくも悪くもはっきりと示しているのは、日本列島改造構想の方である。

日本列島改造構想は、都市と農村、表日本と裏日本の格差をなくし、日本のあらゆる地域の住民たちが便利で豊かな生活を送れるようにするものであった。新潟三区の山村を歩くことから始まった田中政治の集大成と言ってよい。

田中が『日本列島改造論』を出版した動機は、おそらく総裁選対策だったのだろう。しかし、単に首相としての体裁を繕うために間に合わせに作ったものではなかった。田中は同書の原型となる「都市政策大綱」を自民党の幹事長時代に作っているのである。

田中が都市政策大綱に着手したきっかけは、67年4月に行なわれた東京都知事選挙であった。

自民党はあえて独自候補を立てず、民社党の推す元立教大学総長の松下正寿《まつしたまさとし》に相乗りした。にもかかわらず、松下は社共両党が推薦する美濃部亮吉《みのべりょうきち》に敗れ、史上初の革新都知事が誕生した。

京都府では50年から社共両党の推す蜷川虎三《にながわとらぞう》が連続当選しており、沖縄では革新の推す屋良朝苗《やらちょうびょう》が返還前の琉球《りゅうきゅう》政府主席に就いていた。さらに、71年には大阪府でも、社共推薦の黒田了一《くろだりょういち》が知事に当選していた。

つまり、この時期、人口の40％以上が革新自治体で生活するという状態だった。「このままでは社共が日本を支配するのではないか」という強い危機感を覚えた田中は、「中央公論」67年6月号に「自民党の反省」という論文を発表したのである。

この論文で、田中は次のように記している。

「人口や産業・文化が東京、大阪など大都市に過度集中した結果、地価が暴騰し、住宅は不足し、交通難は日増しに激しくなり、各種の公害が市民生活をむしばみ、破壊していることは明らかである。事態がこのまま推移すれば、国民経済自体が根底から揺さぶられることになるのは早晩、避けられない。東京、大阪はもちろん膨張する太平洋沿岸ベルト地帯に対して、自民党がもし有効に対処できなければ、都知事選にみられた都民の欲求不満の爆発は、やがてベルト地帯住民の間にも連鎖反応をもたらすことになろう」

この論文のなかで、田中はエンプロイー（被雇用者）の激増を自民党の脅威として繰り返し指摘している。エンプロイーとは、第二次産業と第三次産業の企業に勤務するサラリーマンや公務員のことで、その人口が65年には全人口の74％を占めると見られていた。

自民党の大票田だった農業人口はやせ細り、商工サービス業などのエンプロイーとなって地方から大都市に流入する。都市部においても、従来自民党が頼みにした商店などの割合が減り、エンプロイーが激増の一途をたどっていたのだ。

このため、田中は論文で「この激しい流れを変えるために構造改革が必要だ」と何度も力説している。

そして、その構造改革のビジョンとシナリオを示したのが、都市政策大綱だった。下河辺が大綱について興味深い説明をしてくれた。

「『大綱』を文章にまとめる作業は麓邦明《ふもとくにあき》さん、早坂茂三《はやさかしげぞう》さんのおふたりがなさったのですが、田中さんとの話し合いで重要なふたつの理念が決まりました。都市政策の主人公はあくまで市民であり、生産第一主義、経済第一主義を改めて、人間が住むのにふさわしい都市を作るということ。そして、都市と農村の対立をなくすために、日本列島全体をひとつの広域都市として捉える。あえて都市政策と銘打った理由はそこにあります」

都市政策大綱の最大の特徴

田中が作った都市政策大綱は、前文の冒頭で「都市の主人は工業や機械ではなく、人間そのものである」と謳っていた。そして「この都市政策は日本列島全体を改造して、高能率で均衡のとれた、一つの広域都市圏に発展させる」と述べたうえで、「新しい日本の創造はここに始まる」と高らかな調子で結んでいる。

日本列島をひとつの広域都市圏にするには、北海道から九州まで、どこからどこへでも日帰りで往復できなくてはならない。

そこで、田中は「一日生活圏、一日経済圏、一日交通圏」という言葉を提唱した。この3条件が達成できれば、第2次、第3次産業を全国に配置することができ、地方の過疎化に歯止めがかかるというわけだ。

そのためには北海道から九州まで新幹線を通し、全国に高速道路を張り巡らし、第2、第3の国際空港と各地に地方空港を建設し、4つの島をトンネルか橋で結ぶ。まさに、現在の日本を構想していると言ってよい。

交通さえ便利になれば、第2次、第3次産業が地方に再配置されることになるという発想は、あくまで当時の高度経済成長を前提にしたものであった。しかし、田中の発想が低成長時代を見通していなかったと非難するのは酷というものだろう。

この大綱の最大の特徴は「土地の私権は公共の福祉のために道を譲る」という記述である。戦後、日本でタブーとされてきた私権の制限に触れているのだ。

なぜ、タブーに踏み込んだかというと、大都市で道路や公園の建設を計画しても私権の壁に阻《はば》まれる、あるいは膨大な補償費を要求されるなどの理由で、本格的な都市計画が事実上不可能となるケースがたびたび起きていたからだ。

また、田中は企業や工場、大学などが大都市へ集中して過密化するのを防ぐために、建物の高さを制限するのではなくて、低さを制限して高層化を図り、容積率を高めることを提案した。この他、4メートルだった道路幅の最低基準を2倍に広げるなど、具体的な対策を数多く打ち出したのである。

繰り返すが、この大綱の最大の特徴は「土地の私権は公共の福祉のために道を譲る」という記述により、戦後日本でタブーとされてきた私権の制限に触れていることだ。

大綱が決定された翌朝の朝日新聞の社説は「この大綱は高く評価されてよいだろう。(中略)公益優先の基本理念を(中略)明確にしたことなど、これまでの自民党のイメージをくつがえすほど、率直、大胆な内容を持っている。（中略）政府・与党が勇気をもって実現に努めることを期待する」（朝日新聞68年5月28日）と自民党に対して常に批判的な同紙としては異例の誉め方だった。

『日本列島改造論』を出版する際、田中が自信満々だったのは、都市政策大綱が好意的に受け止められていたからに違いない。

だが、その構想は無惨にも失敗に終わった。

長期政権になると見られていた田中内閣は2年5か月で幕を閉じ、田中は失脚に追い込まれたのである。

改造論の結末

日本列島改造論は、都市政策大綱と比べて大きな違いが3点ある。

第一に、大綱の冒頭で謳っていた「都市の主人は人間そのものである」という言葉が消えたこと。

第二に、「公共の福祉を優先する」という画期的な要素が抜けたこと。

第三に、大綱では「大都市に過度に集中している企業、工場を全国に分散、配置する」と抽象的にしか描かれていなかった構想が、改造論では重点開発地域の名前を明示し、きわめて具体的な設計図に変わったことである。

実は、早坂らはこうしたことに強く抵抗した。

具体的にどの地域を開発するか、その地域の名前を明らかにすることを「箇所付《かしょづ》け」というが、箇所付けは危険だと早坂らは考えたのだった。「そんなことをすれば、その土地の地価が暴騰する。日本列島のあちこちで地価が上がって大変なことになる」という早坂らの諫言《かんげん》に対して、田中は「抽象論じゃ新聞も反応がにぶいし、世の中が動かない。列島改造に流れを起こすことが大切だ」と反論した。

そして、田中は早坂たちに「必要なのは小難しい理屈ではなくて、臨床医の処方箋が必要なのだ」と言って説得した。

この決断が、結果的に大騒動を引き起こした。日本列島改造論で箇所付けされた全国の地域の地価がガンガン上がっていったのだ。

たとえば、日本列島改造論で箇所付けされた北海道の苫小牧《とまこまい》や青森県のむつ小川原《おがわら》、鹿児島県の志布志《しぶし》湾岸など、これまで誰からも見向きもされなかった地域に全国から投機屋が群がり、手当たり次第に土地の買い漁《あさ》りを始めた。そして、急速な土地価格の暴《ぼう》騰《とう》が起こったのである。

そんな折り、73年10月にシナイ半島奪回をめざしたエジプト・シリア軍がイスラエルを先制攻撃して第四次中東戦争が始まった。

アラブ諸国は石油戦略を発動し、ＯＰＥＣ（石油輸出国機構）加盟６か国が石油の値上げを通告。さらに、ＯＡＰＥＣ（アラブ石油輸出国機構）10か国はアメリカ、日本などイスラエル支持国に石油供給量の節減を通告してきた。

それまで１バレル約３ドルだった原油価格が同年12月には１バレル12ドルにまで急騰し、約４倍に跳ね上がった。いわゆるオイルショックである。

当時、日本のエネルギー源の７割は石油であり、その８割を中東に依存していた。石油の中東依存率は、先進国のなかでは日本がずば抜けて高かった。そのために、日本はオイルショックのダメージをとりわけ強く受けることになった。

もちろん、市場はそのことを一早く察知していた。東京証券取引所の日経平均株価は10月５日には４５６２円だったのが、11月27日には４２８８円まで落ち、新聞に登場するエコノミストたちは「３千円台に突入するのは必至だ」と悲観論を書き立てた。

日本列島改造論の箇所付けで地価が暴騰したところにオイルショックが到来し、日本は不況下の悪性インフレに見舞われたのである。

こうした大逆境のなかで、田中は参議院選挙を迎えることになる。

企業ぐるみ選挙

1974年7月、参議院選挙が行なわれた。

すべてが逆風となった流れを変えるために、田中は選挙の勝利に向けて総力をあげて取り組んだ。永田町の動きに詳しい情報通の話では、この選挙で田中が集めた金は総額500億円を超えていたというのが定説だ。

当時、自民党経理局長であった小沢辰男《おざわたつお》はこう言った。

「あの参院選のときは、私が把握しているだけで約200億円使いました。絶対勝たなきゃいかん選挙なので、田中さんが直接、経団連に頼んで各企業、団体に割り当ててもらったのです。銀行協会、商社連合、鉄鋼業界などとね。商社連合が確か30億円だった。田中さんから尻を叩かれて大変だった」

田中は、金をバラまくだけでは安心できなかった。そこで、全国区の候補者をすべて企業グループや大企業に割り振って支援させることにした。いわゆる企業ぐるみ選挙である。

田中の欠点はやり過ぎることだ。当時、私も銀行や商社の中堅社員たちから「今度の締め付けはひど過ぎる」との不満を聞かされていた。

田中は公示の2か月以上前からヘリコプター2機をチャーターして、自民党候補者のために全国を遊説して回った。当時、田中は持病のバセドー病が悪化し、医者には安静にしているように言われていたのだが、指示を無視して全国を駆け回った。

参院選投票日の5日前である7月2日、中央選挙管理委員会委員長の堀米正道《ほりごめまさみち》が記者会見を開き、「企業ぐるみ選挙の行き過ぎで、憲法で保障された思想・信条の自由の原則が阻害される恐れがある。関係者の良識ある行動を要請したい」と表明した。

新聞やテレビは普通、選挙の公正を図るため、公示後は特定の政党を支持あるいは批判しないのが通例だが、このときは堀米発言をきっかけに金権選挙、企業ぐるみ選挙への批判が沸騰した。

そして、7月7日の投票日を迎えた。

自民党の獲得議席数は62で、目標としていた75に遠く及ばないばかりか、改選議員数の70を8議席も下回り、惨敗だった。とくに東京、大阪など大都市で、自民党は「3分の1政党」に転落してしまった。

8月になると、経団連の土光敏夫《どこうとしお》会長が首相官邸を訪問し、田中に直接、「今後、経団連は傘下企業に政治献金の割り当てをしない」と申し入れた。つづいて、東京電力の木川田一隆《きかわだかずたか》会長が「今後、政治献金は一切しない」と宣言した。

田中の政治生命に致命傷を与えたのは、こうした金権選挙を支えるための資金作りの実態が月刊誌に暴かれたことだった。『文藝春秋』11月号に掲載された立花隆《たちばなたかし》の「田中角栄研究 その金脈と人脈」と児玉隆也《こだまたかや》の「淋しき越山会の女王」である。

しかし、掲載されている内容は、実は田中内閣の発足当時から共産党が衆参両院で繰り返し問題にしていたことだった。新聞各紙の記者もそのことは百も承知していたはずである。にもかかわらず、不問に付されてきたのはなぜか。

当時、全国紙の社会部長だった人物は、匿名を前提にこう語った。

「自民党は最初から金権政治だったが、あの頃までは必要悪だと見なされており、金権スキャンダルは警察や検察が動いた場合に取り上げるというのが常識というか、習慣になっていたのです。警察や検察が動く前に、新聞社の社会部が主体的に政治家の金銭スキャンダルを追及するという体質あるいは意識はなかった」

ところが、そのスキャンダルが新聞・放送界のしきたりを知らない人物によって暴露されてしまい、タブーが破られたわけだ。それは田中の予想だにしなかった出来事であり、事態に対応する手立てもなかった。

大平正芳《おおひらまさよし》、保利茂《ほりしげる》、河野謙三《こうのけんぞう》ら、田中が信頼する政治家たちに相談しても「あなた自身の問題だから」といずれも冷ややかだった。田中が「法律違反は何もしていない。全部、釈明できる」と主張しても、強弁としか受け取られなかった。むしろ、弁明すればするほど、田中は倫理観の欠落した見苦しい政治家だという印象が国民の間に広がって行ったのだ。

田中が頑張ることは自民党の崩壊を招く。そう考えた党幹部たちは田中に退陣を求めた。それを受けて、田中は74年11月26日、首相官邸に椎名副総裁と党三役を呼び、総理総裁の辞任を正式に告げた。

その日、朝日新聞政治部の早野透《はやのとおる》は他社の記者たちと一緒に、東京・豊島区目白にあった田中邸の敷地内に建てられていたプレハブの番小屋で夜を明かした。

田中の差し入れたオールドパーで酔っぱらった何人かが「田中角栄のバカヤロー」などと母屋《おもや》に向かって叫んだ。誰もが田中退陣を悔しがり、高ぶった感情を治められなかったのだ。これほど間近に接した記者たちから惚《ほ》れられた首相は後にも先にもいない。真夜中に怒鳴り声がしたせいか、田中は下駄履きで番小屋にやってきた。

「田中さんが『総理大臣というのはオレにはきつかった』と呟《つぶや》くのを聞き、不覚にも涙がこぼれました」

そう、早野は述懐した。

椎名裁定と三木降ろし

田中角栄の後継総裁を決めるため、74年12月1日に自民党本部4階の総裁室に総裁候補と目される派閥の領袖《りょうしゅう》が集まった。椎名悦三郎《しいなえつさぶろう》と福田赳夫《ふくだたけお》、大平正芳《おおひらまさよし》、三木武夫《みきたけお》、そして中曽根康弘《なかそねやすひろ》の5人である。

福田、大平、三木の3人は、すでに72年に田中と総裁の座を争っており、いずれも自分こそが本命だと考えていた。椎名は当時76歳で、副総裁を務める党の長老だった。

会議が始まるや否や、椎名がいきなり「もう議論は出尽くした」と切り出した。内ポケットから便箋を取り出し、「政治の空白は一日たりとも許されません。この見地に立ち、私たちは国家、国民のために、神に祈る気持ちで考え抜きました」とかすれた声で読み上げた。そして、「新総裁には三木武夫くんがもっとも適任だと確信し、推挙申し上げます」と申し渡したのだった。

いわゆる「椎名裁定」である。

自民党内の派閥どうしの駆け引きや各候補者の思惑がうごめくなか、三木が新総裁に推挙されたのは、三木が一番無難だと思われたからに違いない。

ところが、三木は首相に就任すると、独占禁止法の改正、政治資金規正法の改正、公職選挙法の改正などを次々と打ち出した。それは、選挙や人事にまつわる金の流れを強く規制しようというもので、自民党を困らせる政策ばかりだった。

なかでも、ロッキード事件への取り組みは、自民党幹部たちが理解に苦しむほど熱を帯びていた。ロッキード事件とは、アメリカの大手航空機メーカーであるロッキード社が旅客機の注文を取ろうと、アメリカだけでなく日本やオランダなどの政治家や有力者らに賄賂を贈ったとされる国際的な疑獄事件だ。

75年2月に開かれた衆議院本会議で、ロッキード事件について三木首相は「政府高官の証言を含めて一切の未公開資料を提供されるように、直接フォード大統領に書簡で要請いたします」と言い切った。

元はと言えば、衆議院議員運営委員長だった田澤吉郎《たざわきちろう》が、事件の真相解明に全力を上げるよう三木に求めたのだったが、田澤自身もまさか三木がそこまでするとは予想していなかったのである。

アメリカ政府は三木の親書に応じ、ロッキード社の資料を日本の検察に提供した。これを受けて、検察はロッキード社副社長のコーチャンに刑事免訴の約束をし、その代わりに尋問で黙秘権を使わないとする取り引きまで行なった。これは日本の刑事訴訟法では完全に違法だが、最高裁は全員一致で「不起訴宣明書」を出し、あえてこの方法にゴーサインを示したのだった。

こうして、前首相の田中角栄が東京地検に逮捕された。1976年7月27日のことである。

当時、田中の後援会である越山会の会長で田中の顧問弁護士でもあった原長栄もこのことをテレビニュースで知ったほど、何の前触れもない突然の逮捕だった。

さらに、翌28日付けの朝日新聞朝刊では、自民党の大物代議士に「汚職の疑惑」と報じられた。

この頃から急速に、自民党内では三木を辞任させようと「三木降ろし」の動きが活発になった。

もともと自民党内には政治資金規正法の改正などで三木が自民党をつぶすのではないかという恐れが生まれていた。そこへ最高裁が刑事免訴を前提とする嘱託尋問《しょくたくじんもん》という違法な手続きを認めたことにより、田中が逮捕された。党幹部たちは、三木がロッキード事件を政権維持に利用しようとしていると考えたのだ。

三木降ろしを中心として行なったのは、三木を総裁に選んだ椎名副総裁だったが、一国の首相を辞任に追い込むことは簡単ではなかった。

結局、三木は首相のまま、76年12月5日に戦後初の任期満了による総選挙が行なわれた。

この選挙の結果、自民党の獲得議席は249で過去最低を記録。すべての常任委員会で過半数を占める安定多数の271議席が取れなかっただけではなく、過半数である256議席すら割り込んだ。保守政党が自由民主党というひとつの政党にまとまった保守合同以来、これほど議席数を減らしたのは初めてのことだった。

唯一の頼みとしてきた国民の支持が数字で表されてしまった以上、三木は首相の座に留まることはできなかった。

投票日から12日後の12月17日、三木首相は退陣を表明した。

この選挙で、田中派は当選者を4人減らしたが、田中自身は16万８５２２票を獲得し、新潟３区でトップ当選している。

景気機関車論

１９７６年12月23日、福田赳夫が自民党の総裁に指名され、翌日の国会で首相に選出された。

福田は元大蔵官僚で「経済の福田」と呼ばれる政策通であったが、福田内閣時代に日本の国債発行額は倍増している。というのも、福田内閣に課せられた使命が内需拡大だったからだ。いくら経済の福田といえども、内需を拡大するためには国債を発行するしか手がなかったのだ。

76年から77年にかけて、アメリカは深刻な不況に陥り、貿易赤字は１７０億８５００万ドル（76年）、３９１億１８００万ドル（77年）に達していた。それに対して、日本の貿易黒字は24億８７００万ドル（76年）、96億８６００万ドル（77年）で、とくに対米輸出が３～４割を占めていた。

そこで、77年5月に開かれたロンドン・サミット（先進国首脳会議）では、景気が比較的よい日本と西ドイツが機関車役となって世界の景気を引っ張るべきだという「景気機関車論」が急浮上した。具体的には、日独両国が輸出依存型経済を改め、内需拡大を進めて輸入を増やすということだ。

福田はとくにカーター米大統領の強い要望に応えて、77年度は6・7％の実質成長率を確保すると約束した。こうして世界の首脳たちの期待を受けて、福田は自信を深め、自らを「世界の福田」と自負するようになった。

この頃、自民党内の政権抗争は熾烈《しれつ》を極めていた。田中角栄と福田赳夫の争いである角福戦争につづいて三木降ろし、大平正芳と福田の大福戦争と10年近い党内抗争が続いていた。

そうしたなか、78年11月に自民党総裁選の予備選挙が行なわれた。予備選挙とは、自民党員や党友による選挙のことだ。

新聞各社の予想では、現役首相の福田が過半数を超える勢いと報じていた。ところが、フタを開けると、過半数に至らないものの大平が1位になったため、福田首相は決戦投票への出馬を辞退し、大平正芳が総裁に就任した。

これは背後で田中が画策し、田中派の票がほとんど大平に入ったからだった。

40日抗争と大平首相の死

１９７８年12月、大平内閣が誕生したが、その前途には大きな問題が立ちはだかっていた。

すでに述べたように、国債残高つまり国の借金が福田内閣時代に約３倍にも膨れ上がってしまっていたのだ。思い切った増税でもしない限り、赤字体質からの脱却はとても不可能だった。

そこで、大平首相が打ち出したのが一般消費税の導入である。税率は５％としていた。自民党のなかでも消費税の導入には反対が強かったが、大平は撤回しなかった。

そのために、79年の総選挙では、大平首相の応援演説を断る候補者がたくさん出る始末だった。そして、選挙結果は自民党が２４８議席と、それまでの最低であった三木内閣の２４９議席を下回る惨敗に終わったのである。

こうして消費税導入という大平の目論みは実現不可能となったが、それだけでなく、選挙の責任を取って「大平首相は辞任すべきだ」という声が高まった。自民党内では前首相の福田と三木、それに中曽根らが大平辞任を強く求めたため、政治は空白状態となった。「40日抗争」と言われた事件である。

その後、野党が提示した大平内閣不信任案に福田や三木らが乗ったために不信任案は成立した。しかし、大平は辞任しなかった。田中が「絶対にそんな必要はない」と叱咤《しった》激励《げきれい》したからである。

そこで、大平は衆議院の解散に打って出た。

80年6月22日に行なわれた衆参同日選挙の結果、自民党は衆院で284議席、参院で69議席を獲得し、大勝利をおさめた。とくに、田中派は100人の大台に乗る勢いで、2位の鈴木善幸《すずきぜんこう》派（旧大平派）の82人を大きく引き離した。

この選挙で自民党が圧勝したことから、政治記者たちは「唯角史観」なる言葉を使うようになった。マルクス主義などの唯物史観をもじった言葉で、日本国内で何か事が起こると必ずその裏に田中角栄がいる、あるいは田中のせいにすれば何でも説明がつくという風潮を揶揄《やゆ》している。

しかし、自民党の大勝は大平正芳の死と引き換えであった。

大平は体調不良にもかかわらず無理をして各地を遊説し、選挙戦の最中に倒れてしまった。東京・港区の虎の門病院に入院したが、治療の甲斐《かい》なく、6月12日、投票日の10日前に死去したのである。

増税なき財政再建

大平の死を受けて総裁の座に就いたのは、鈴木善幸だった。

それまで派閥の領袖でもなく、いわゆる実力者ではなかったので、外国人記者たちは「ゼンコー・イズ・フー?」を連発したという。国民にとってもあまり印象にない政治家だったが、この人選を行なったのも実は田中角栄だった。派閥の会長でない人物が首相になるのは、これが初めてのことだった。

政治記者たちにとっても、鈴木は単なるリリーフ・ピッチャーであり、池田勇人が結成した一大派閥である宏池《こうち》会の後継者は宮澤喜一だと考えられていた。

三木内閣以来、続いてきた党内の政争を解消するために鈴木は「和の政治」を提唱したが、もっとも力を入れたのは、大平内閣以来の宿願である行政改革と財政再建であった。

1980年の国債残高は70兆5098億円で、国債依存率は32・6%に達していた。

このため、鈴木は「増税なき財政再建」という目標を掲げ、それを成功させるにはどのような行財政改革を行なうべきかを審議するために、第二次臨時行政調査会（以下、臨調）を立ち上げた。そして、財界の大御所であり、カリスマ的存在であった土光敏夫を会長に引っ張り出すことに成功した。

臨調が発足したことによって、中曽根康弘が俄然《がぜん》、脚光を浴びることになる。このとき、中曽根は行政管理庁という地味な省庁の長官で、政治家としても決して陽の当たる場所にいたわけではなかった。

ところが、82年10月になって鈴木首相は突然、退陣を表明する。

理由のひとつは、前年5月に行なわれたアメリカのロナルド・レーガン大統領との会談で、両者の見解に食い違いが出て日米関係がこじれたことである。

もうひとつの理由は、最大の公約であった「84年度に赤字国債から脱却する」ことが絶望的になったからと言われている。

赤字国債はどんどん増え続け、その発行残高は81年度が32兆9163億円、82年度が40兆3301億円となった。しかも82年8月末には82年度の税収不足が5兆から6兆に及ぶと判明した（実際には6兆9800億円）。

脱却どころか、さらに赤字国債を発行せざるをえなくなり、83年度には47兆円、84年度には53兆円と増加の一途をたどったのだった。

中曽根康弘内閣誕生

1982年11月、中曽根康弘内閣が誕生した。

鈴木首相の退任表明が行なわれた前日の10月11日の夜、中曽根は当時の自民党政調会長だった田中六助《たなかろくすけ》と会っている。

中曽根の日記『天地有情 五十年の戦後政治を語る』によると、田中六助はその前に田中角栄に会っており、角栄の意図を中曽根に伝えたようだ。それはいったいどのような内容だったのか。

中曽根の日記には、次のように書いてある。

一、五十名で政権をとるのだから、あまり注文を出すなかれ。総理と一、二名の閣僚で沢山。

二、二階堂は総裁候補だから幹事長留任にしてくれ。

三、後藤田官房長官依頼、了承。

四、私より、官房長官、法務大臣は三年間替えない方が良い。法務は秦野か奥野が適任をいう。

（『前掲書』）

このように全部で13の項目が並び、「八、六月にダブル選挙をという」つまり、衆参同日選挙を指図するものまであった。

中曽根内閣の顔ぶれが決まったとき、当時の田中派を実質的に運営していた二階堂進《にかいどうすすむ》幹事長でさえ「エッ」と声を出して驚いたほどだった。

なぜなら、全閣僚のうち田中派の議員が６人も入閣していたからだ。また、法務大臣になった秦野章《はたのあきら》は党内では無派閥だったが、田中角栄と親しく「ロッキード捜査は違法だ」と主張していた人物だった。さらに、秦野を含めた３人が警察官僚出身だった。

新聞や雑誌には「ロ事件隠し内閣」「角影内閣」「田中曽根内閣」「角拡散」「角噴射」などとあらゆる批判の言葉が躍り、有識者たちも中曽根内閣を「史上最悪の顔ぶれ」「想像を絶するひどさ」と酷評した。

このように、中曽根内閣の誕生は世論とメディアの激しい批判で迎えられた。鈴木内閣が発足したときの支持率が52％だったが、中曽根内閣は支持率37％での出発だった。

池田勇人首相の秘書官だった伊藤昌哉《いとうまさや》は「オーナーは田中角栄で、中曽根は雇われマダムだ」と言い捨てた。

しかし、つなぎのはずの中曽根内閣は5年間も続き、佐藤内閣の7年8か月、吉田内閣の通算7年に次ぐ戦後3番目の長期政権となった。

風見鶏と呼ばれた宰相

中曽根康弘とはどんな人物だったのか。

1982年11月に行なわれた自民党総裁予備選の開票日、私は開票の様子をテレビで見ながら中曽根にインタビューしたことがある。

その前日から各紙は中曽根有利と報じていたが、それにしても自分にどれだけの票が入るかを眺めながらインタビューに答えるというのは、パフォーマンスだとしてもなかなかの度胸である。

中曽根の当選がほとんど確定した時点で、私は「中曽根さんは風見鶏で信用がならないとマスメディアでも世論も非常に厳しいのですが、ご本人はどう受け止めていますか」と切り込んだ。

中曽根はまるで、この問いを待っていたかのように笑って頷《うなず》き、こう答えた。

「偉大な政治家はみんな風見鶏ですよ。西郷隆盛《さいごうたかもり》なんていうのは最大の風見鶏です。会津とまず手を組んで、長州をやっつける。ところが、風向きが変わってくると、今度は長州と手を組んで会津や幕府をやっつけた。つまり、時代の転機というものをよく見て、歴史の前進に力を貸してきているのですね。そういう意味では、時代を作って行く人間には風見鶏が多いのじゃないですか」

中曽根はこのときから「風見鶏」という言葉をまるで勲章でもあるかのように、自ら積極的に口にするようになった。

その後、2001年にも、私は中曽根にインタビューしている。中曽根は齢《よわい》83歳になり、頭髪は薄くなったものの、顔の色艶のよさや逞《たくま》しい面構えはほとんど変わっていなかった。

私はいきなり、当時の中曽根内閣が田中派の議員を多く入閣させたため「角影内閣」「田中曽根内閣」というレッテルを貼られたことについて、どう思うか尋ねた。

「あれは、実は私の内閣の手法だったのです」

中曽根は、微笑を浮かべながら答えた。私はその瞬間、「エエカッコしい」の中曽根が強がっているのだと思った。しかし、その口調は確信に満ちていた。

「私の政治哲学は、政治家は実績であり、内閣は仕事であるということです。いくらマスコミ受けのするカッコいい内閣を作っても、仕事の実績がなければ泡のように消え去ってしまうわけですよ。小泉くんもそうならなければよいのですがね。

では、当時の中曽根内閣にはなぜ田中派の議員が多くなったのか。理由は明快です。最大派閥の田中派は人材が豊富で、圧倒的に仕事師が揃《そろ》っていたのです。たとえば、官房長官は自分の派閥から起用するのが慣例になっていたのを、私の方から後藤田くんになってほしいと、本人と田中さんに頼んだのです。内閣の最大の課題である行財政改革を進めるにあたって、各省の官僚の抵抗をうまく抑えられるのは彼しかいないと睨《にら》み、大げさでなく、後藤田くんに私の政治生命を預けたのです。

現に、対米武器技術供与や防衛費のGNP1%枠撤廃、そして不沈空母発言などの問題は後藤田くんや竹下くんたちがいなかったら、解決がおそろしく難航したはずです。田中派の仕事師たちが、明らかに田中さんとは異なる私の政策を実現するために中軸となって頑張ってくれた。これが私の政治手法なのです」

田中曽根内閣の真相

偽悪的な笑いを浮かべて語る中曽根に、私はさらに「田中曽根内閣と言われた時代、田中は具体的にどのような介入をしたのか」と聞いた。

「それは全くなかった」

中曽根は田中の介入を強く否定してから、「一度だけそれに近いことがあった。しかし、私は拒否した」と付け加えた。

「1983年の4月に、私はASEAN（筆者注、東南アジア諸国連合）の各国に行ったのですが、その前に二階堂くんや後藤田くんが『6月に衆参同日選挙をやれ』と強く、何度も繰り返して言いました。『角さんがそうせよと言っている』と。だが、私は断り抜いた」

このとき、なぜ田中は衆参両議院の同日選挙を強く持ちかけたのだろうか。このことには、実はロッキード事件が関係しているのである。

83年の1月にロッキード事件に対する検察の論告求刑が行なわれ、田中に受託収賄の罪で懲役6年、追徴金5億円が求刑された。

当時の田中の考えについて、二階堂に聞いたところ、「角さんはその年の10月に予定されていた一審判決が厳しくなると見ていて、中曽根内閣に迷惑をかけてはいけないと、6月に同日選を行なうように強く求めていた。判決後に衆院選を行なえば、自民党が不利になると読んだからです」という答えが返ってきた。

後藤田にも、中曽根に同日選挙の実施を求めた理由を聞いた。

「10月のロッキード裁判の判決は、必ず有罪になると私は読んでいた。そして、翌年になると中曽根さんの任期満了が来る。中曽根さんはどんどん追い詰められる。だから、判決のはるか手前で同日選挙をやれと、田中さんも私もやかましく言ったのです」

けれども、中曽根は同日選挙を拒んだ。それは、なぜなのか。

その理由について、中曽根は「私の内閣は仕事師内閣だから、政権の実績をあげて、その成果を国民に問う選挙をしたい。同日選なら勝てるという理由だけでやるのは邪道だと思っている。それに、鈴木善幸さんが同日選に反対していて、その面子をつぶしたくなかった」と答えた。

しかし、この説明だけではいささか説得力にかけると私は思った。

そこで、後藤田に「なぜ中曽根が自民党に有利なはずの同日選を拒んだのか」を改めて問うた。

後藤田は、しばらく考え込んだ末に、こう答えた。

「私の推測だけど、中曽根さんも鈴木さんも、有罪判決が出れば田中さんが議員辞職すると思っていたのじゃないかな。その点、私は意見が違っていた。田中さんが辞職するならば、逮捕されたとき、少なくとも起訴された段階で辞職している。田中さんは徹底的に戦うつもりだったし、その判断は選挙民に仰ぐと決めていた。私は『田中さんは絶対に辞めませんよ』と言ったのですが、その点では中曽根さんと考え方が食い違っていた」

「私の推測」と後藤田が前置きしたのは、中曽根の立場を気遣《きづか》ったのだろう。

同年10月12日、ロッキード裁判の一審判決が出た。田中はほぼ求刑に近い懲役4年、追徴金5億円の有罪となった。

その夜、中曽根首相の秘書官だった上和田《かみわだ》義彦が、中曽根から田中に宛てた親書を佐《さ》藤昭子《とうあきこ》のもとに持ってきた。佐藤は田中の愛人で金庫番でもあり、「越山会の女王」と呼ばれていた。

「『ママさん読んでみて下さい。そして、この手紙を大先生に見せるかどうかはママさんが判断して下さい』と言いました」

佐藤昭子はそう回想した。

手紙には、田中に「一時的に議員バッチを外してほしい。そうしてもらえば自民党は大勝できるし、田中も選挙に勝って堂々と復権できる」という内容が丁寧な言葉で書いてあった。

「私は、中曽根総理に返事を書きました。『この手紙は田中に見せません』。だって、田中はありもしない事件、不当な裁判と命懸けで戦って無実を勝ち取ろうとしているのですよ。不当な裁判でムチャクチャな判決が出たからといって、『はい、そうですか』と引き下がる必要は全くないではないですか」

佐藤昭子は怒りを込めて言った。

中曽根はやはり、有罪判決が出れば田中が議員辞職をする可能性があると見ていたのだった。

戦後政治の総決算

中曽根は首相に就任して初めての施政方針演説で、「戦後政治を総合的に見直し、21世紀に向かって基本的な路線を策定する」と強く表明した。

このときの「戦後政治の総決算」という言葉が、中曽根内閣の看板となった。その意味について、２００１年のインタビューで本人に尋ねたところ、こんな答えが返ってきた。

「一本の柱は、吉田政治からの脱却でした。吉田さんは私に言わせれば、エセ一国平和主義ですよ。それは憲法改正・防衛軍創設などを求める鳩山一郎や三木武吉、河野一郎などに対抗するためでもあり、日本の弱体化を狙っていたアメリカの政策にともかく迎合するのが得策だと考えたためでもあるでしょう。

ともかく国家像の構築や安全保障は棚上げして、経済重点主義に走った。これが結果として国民精神をゆがめ、国民のなかに国家意識がなくなってしまったのです。池田さん、佐藤さん、角さんと、いずれも吉田路線をそのまま引き継ぎました。私はその路線から脱却して、新しい国家像を構築し、歴代首相が逃げ腰だった防衛問題に真っ向から取り組むことにしたのです」

19年前に掲げた内閣の表看板について、中曽根は一気に話した。

そこで、私は「防衛問題に真っ向から取り組むとは具体的にどんなことをしたのか」と重ねて聞いた。

「マッカーサーの占領政策がそのまま罷《まか》り通ってきて、国際的には常識である防衛問題を日本では論じることがタブーになっていた。私はそのタブーを叩きつぶそうとしたのです」

では、具体的に中曽根は防衛問題にどのように取り組んだのだろうか。

1983年1月、中曽根はレーガン大統領と会談するために訪米したが、その前にアメリカに対して武器技術を供与することを決めていた。それまでは、67年に佐藤首相が決定し、三木首相がより強固にした武器輸出三原則によって、日本はどの国に対しても武器輸出はもちろん技術供与も禁じられていた。

アメリカは日本に同盟国として武器技術を供与するよう強く求めていたが、ハト派の鈴木首相はこれに応じなかった。この問題が「日米同盟に軍事的な意味を含んでない」という鈴木の発言とともに、日米関係を険悪にしてしまったと中曽根は捉えていた。

「アメリカから武器そのもの、そして軍事技術もたくさん供与してもらっているのに、こちらから一切供与しないというのは不合理極まりない。内閣法制局の解釈を変えさせるのにも苦労しました」（中曽根元首相）

中曽根は、武器技術の供与という手土産を持ってアメリカに乗り込んだ。これによって日米関係が見事に修復されただけでなく、中曽根はレーガンと「ロン」「ヤス」とニックネームで呼び合う仲にまでなった。このロン・ヤスの関係が成立したのは、中曽根が訪米中に日本のメディアを騒がせるもうひとつの出来事を起こしたためだった。

レーガン大統領と会談する前、中曽根はワシントン・ポストの社主だったキャサリン・グラハムの朝食会に招かれ、その席上で「不沈空母」「4海峡封鎖」「運命共同体」などの発言をした。それが日本のマスメディアで「タカ派の正体を露呈」「防衛政策の転換」と集中砲火を浴びたのだった。

この発言によって、内閣支持率は5％以上落ちた。しかし、中曽根訪米に同行し、朝食会にも同席した藤波孝生《ふじなみたかお》は「中曽根はそのような言葉は口にしていない」と言い切り、このように語った。

「万一の有事の際は、日本を敵側の航空機の侵入を許さないように、周辺に大きな壁を持った大きな船のようなものにすると。それも雑談として言ったのを、通訳が大げさに意訳したのですね。そして、ワシントン・ポストに刺激的な表現で報じられてしまった。同紙の記者も不沈空母という言葉はなかったと認めていたから、訂正を求めようとしたのですが、中曽根が『その必要はない』と言ったのです」

中曽根本人にこの件を確認したところ、藤波の説明を大筋で認めたうえで、「あれは日米関係を修復するショック療法になった。100万の言葉を費やすよりも効果があって、レーガン大統領の日本に対する不信感は一挙に吹き飛んだ」と楽しそうに話した。つまり、中曽根はワシントン・ポストの誤りを逆に利用して、レーガン大統領との信頼関係を構築することにまんまと成功したわけだ。

行財政改革

中曽根内閣が取り組んだもう一本の柱は、行財政改革だった。

当時は行革《ぎょうかく》という言葉が広く使われたが、中曽根はその後のインタビューで構造改革という言葉を使っている。構造改革を最初に打ち出したのは小泉純一郎《こいずみじゅんいちろう》ではなく、自分だと自負する気持ちがあったのかもしれない。

中曽根構造改革を引っ張る機関車役を担ったのは、中曽根が行政管理庁長官だった頃に発足した臨調の会長で「怒号さん」のニックネームを持つ経団連前会長の土光敏夫だった。土光は、83年7月に発足した臨時行政改革推進審議会で再び会長に任命された。

会長を引き受けるにあたって、土光は「増税なき財政再建」を政府に約束させていた。そのためには、徹底的に行政のムダをなくし、国の歳出をカットする以外に手立てはなかった。

前にも述べたが、鈴木善幸が首相を辞めた原因のひとつが、84年度までに赤字国債の発行をなくすと公約しながら到底実現できそうにないことだった。しかも、85年度からは国債の償還が本格的に始まることになっており、中曽根としては何がなんでも構造改革を断行しなければならなかった。

中曽根内閣の成果として、とくに注目されたのは電電公社と専売公社の民営化、そして国鉄の分割民営化である。

85年4月には電電公社がＮＴＴ（日本電信電話株式会社）に、専売公社がＪＴ（日本たばこ産業株式会社）に生まれ変わり、87年4月には北海道、東日本、東海、西日本、四国、九州、貨物からなるＪＲ7社が誕生した。

国鉄は当時、累積債務が37兆5千億円に膨れ上がっていたが、戦闘的な労働組合を抱える国鉄を分割民営化するのは難しいのではないかという見方が強かった。

中曽根はどうやってその難題をクリアしたのか。

その主たる理由は、国鉄の内部に協力者を作り、内と外から改革を進めるという戦略が効果を現したことが挙げられる。それに加え、私は田中角栄が85年2月に脳梗塞で倒れたことも、中曽根改革にプラスに作用したと捉えている。

というのも、国鉄幹部で分割民営化に反対していた縄田国武《なわたくにたけ》副総裁らは田中に近い人物で、何かと改革を妨げていたからだ。ところが、田中が倒れたことにより、これらの人々が辞めざるをえなくなった。

中曽根は自著『天地有情　五十年の戦後政治を語る』のなかで、「仁杉、縄田両君のクビを取ったから国労が総崩れになって比較的スムーズに運んだ」と記している。

中曽根が国鉄や電電公社などの民営化と並んで、必ずやると大見得を切りながら実現できなかった改革がある。それが、教育改革と財政改革だ。

中曽根の教育改革は、臨時教育審議会（以下、臨教審）として84年9月に発足したが、どう見ても中途半端、いや失敗に終わったとしか言いようがない。

中曽根が念願であった教育改革に手を付けることには野党だけでなく、自民党内にも反対の声が少なくなかった。そこで、臨教審設置法を審議する衆議院内閣委員会で、中曽根は「教育基本法を改正しない」と明言してしまった。

さらに、文部省のやり方を変える制度改革も、文部官僚らの強い反発にあった。その結果、臨教審による教育改革は、文部省にも日教組にも教育委員会のあり方にも手を付けないという腰砕けのものになった。そして、制度には触《さわ》らないにもかかわらず、子どもの個性を重視するという原則だけが進んでいったわけだ。

いったい、なぜこうなってしまったのか。

臨教審の審議委員を務めていた東京大学教授（当時）の苅谷剛彦《かりやたけひこ》に聞いたところ、「そこには政治的な空白があったから」と言った。非常に慎重な言い方だったが、私はその政治的空白の意味するところをすぐに理解した。

それは、リクルート事件であった。

88年6月に発覚したリクルート事件については次章で詳しく述べるが、竹下登、安倍《あべ》晋太郎《しんたろう》、宮澤喜一、渡辺美智雄《わたなべみちお》など自民党の誇るニューリーダーをほぼ巻き込んだ大疑獄事件だった。

この事件で、教育改革の中軸だった元文部省事務次官の高石邦男《たかいしくにお》も逮捕され、藤波孝生は起訴された。教育改革の中軸だった人々は事実上、全部退治されてしまったのだ。そのために、主眼が制度の改革から個性の重視へとすり替えられてしまった。

中曽根内閣で、もうひとつ手痛い失敗をしたのが税制改革だった。

85年2月の衆議院予算委員会で、公明党の矢野絢也《やのじゅんや》の質問に対し、中曽根首相は「多段階、包括的、網羅的、普遍的で大規模な消費税を、投げ網をかけるようにはしない」と答弁した。

さらに86年6月、衆参同日選挙の遊説でも「国民や自民党員が反対する大型間接税と称するものはやらない」と力説して回った。

この言葉は国民には無論、野党議員だけでなく自民党員にも「消費税はやらない」という意味だと受け取られた。にもかかわらず、中曽根首相は86年の暮れに売上税を打ち出したのであった。これはさすがに国民の合意を得られず、結果として撤回せざるをえなかった。

しかし、原健三郎《はらけんざぶろう》衆議院議長の計らいで、売上税関連法案については与野党間で協議会を作って処理することになった。

これが、後の消費税の成立に結び付くのであった。

第四章　55年体制の崩壊

クーデターはこうして行なわれた

1984年のクリスマス、東京・中央区築地の料亭「桂《かつら》」に次々に黒塗りの車が乗り付け、政治家たちが店のなかへと消えて行った。

この日、自民党田中派の国会議員たちによる極秘の会合が開かれたのである。メンバーは金丸信《かねまるしん》、竹下登《たけしたのぼる》、小渕恵三《おぶちけいぞう》、橋本龍太郎《はしもとりゅうたろう》、小沢一郎《おざわいちろう》、羽田孜《はだつとむ》、梶山静六《かじやませいろく》、中村喜四郎《なかむらきしろう》と錚々《そうそう》たる面々で、全部で14人が集結した。秘密会合を提案したのは金丸だったが、具体的に仕掛けたのは梶山と小沢であった。

会合で挨拶に立った竹下は「すべてを燃焼して65歳までにすべてを終え、政界を引退する覚悟です」と言い切った。非常に婉曲《えんきょく》的ではあるが、同志たちを前に自分が天下を取ることを初めて宣言した瞬間だった。このとき、竹下は61歳間近だったので、65歳までの4年間で燃え尽くし、総理総裁となることをめざしたのであった。

表向きは竹下を中心とする勉強会であり、名称を創政会《そうせいかい》とすることに決まった。しかし、実際には田中派内で権力を奪取するクーデターであり、ロッキード事件の一審で有罪となった闇将軍、田中角栄の支配をぶち壊す行動であった。

創政会の立ち上げは数日後に竹下から直接、田中に伝えられたが、田中の怒りは相当なもので、間もなく田中は脳梗塞で倒れてしまう。

ポスト中曽根《なかそね》の座をめぐっては、安倍晋太郎《あべしんたろう》、竹下登、宮澤喜一《みやざわきいち》の安竹宮3人の争いになった。彼らは、マスメディアからニューリーダーと命名されていた。角栄支配が名実ともに幕を閉じ、ニューリーダーが田中の呪縛から解き放たれた新しい政治を展開することが期待されたのである。

私はテレビ朝日のニュースステーションで、彼ら3人と討論した。

まず、一人ひとりに「田中や中曽根の政治と自分の政治とはどこが違うのか」「日本の政治のどこをどのように変えるつもりなのか」と質問した。だが、田中・中曽根政治との違いをきちんと説明し、自分の主張を明確に打ち出した人物はいなかった。

田中や中曽根らに強烈に存在した戦いのＤＮＡが、新世代のリーダーには抜け落ちているのだろうか。口にこそ出さなかったが、田中政治を変えるのではなく、踏襲する姿勢としか受け取れなかったのである。

そこで、私が「あなたたちから独自のメッセージや違いというものがまるで感じ取れない」と率直に感想を述べると、宮澤が言った。

「われわれはいわば自民党という企業の専務のようなもので、考え方に大きな違いなどあるはずがない。専務たちの考え方に違いがあったら、総裁がうまく運営できないではないですか」

自民党内ではかつて角福戦争や大福戦争など総理総裁の座をめぐって派閥の領袖《りょうしゅう》どうしが戦う激しい党内抗争が繰り広げられたが、ニューリーダーたちは戦いを避けて話し合いを選んだ。

そして、中曽根首相の指名に従って、竹下が次の総理総裁に決まったのである。

中曽根はなぜ竹下を指名したのか

中曽根はなぜニューリーダー3人のなかから竹下を後継総裁に指名したのだろうか。

私の質問に対し、中曽根はこう答えた。

「もっとも大きな理由は、消費税の導入です。私はそれをやりそこなった。これは残念でならない。政治的にもダメージを受けたわけで、何としてもこれを実現してくれる人物、これが第一条件でした。となると、税制に詳しく、野党とくに公明、民社ともうまくやれる人物ということになった。宮澤くん、安倍くんよりも竹下くんの方がうまいだろうと。実績もあるしね」

そして、中曽根は「私の目は間違っていなかった」と胸を張った。

中曽根が口にした竹下の実績とは何を指しているのだろうか。

前にも記したが、大平《おおひら》首相が一般消費税導入を訴えて衆院を解散し、惨敗したのは1979年10月の総選挙だった。野党からは「一般消費税は今後一切導入しないと国会決議せよ」との要求が強まり、自民党内にもそれに同調する意見が少なくなかった。

こうして同年12月に国会決議が行なわれたが、この決議が後々に重要な役割を果たすことになる。

当時、大蔵省税制第二課長だった大山綱明《おおやまつなあき》はこう説明した。

「内容が少し変わって一般消費税反対となるはずだったタイトルが、『財政再建に関する決議』となっていたのです。その結果、ここが大事なところですが、いわゆる一般消費税は導入しないということになったのです。つまり、大平首相が導入しようとした一般消費税は導入しないが、それ以外の形であれば縛られないということです」

文言を細工することによって消費税導入に縛りをかけるはずの決議が、何の縛りにもならない決議になっていた。つまり、決議は知らぬ間に骨抜きにされ、野党はまんまと騙《だま》されたわけだ。

こんな悪知恵と野党を騙すテクニックを持っているのは誰か。

「……それは竹下さんです。当時、大蔵大臣でした」

大山は笑って答えた。

その後、竹下自身に確かめたところ、竹下は「そういうこともあったかなあ」と機嫌よさそうに笑顔で語った。

後に首相になった竹下は87年11月の所信表明演説で「税制改革についての国民的な合意を形成していく」と表明し、直接税偏重の税制を改革するという理屈で間接税の導入に着手。88年7月に消費税導入を含む税制改革6法案が上程され、国会で審議された。そして、社会党などの野党が牛歩戦術などで徹底して抵抗するなか、衆議院予算委員会で野党欠席のまま自民党が単独採決。本会議では社会党・共産党欠席で可決された。こうして、89年4月に税率3%の消費税がスタートしたわけだ。

田中角栄のようなスケールの大きさこそなかったものの、竹下は田中に劣らない知恵者だったのである。

理念なき首相の誕生

１９８７年11月に開催された臨時国会で、自民党総裁の竹下登が内閣総理大臣に指名された。竹下はこのとき63歳。創政会の旗揚げで宣言した65歳引退まで、あと2年と迫っていた。

私のインタビューに対し、竹下はこんな話をした。

「中曽根さんまでの首相は日本が巨大強国のひとつだった時代を体験されており、何事につけても気宇壮大だ。しかし、ぼくが学徒動員で軍隊に取られたのは１９４４年の夏で、陸軍特別操縦見習い士官だったが、乗る飛行機もないまま防空壕掘りばかりさせられた。情けない敗戦になってしまった。だから、ひ弱というか、主体性のなさというか、現実の変化に自分の体を合わせる生き方が身についてしまった」

私は竹下から、何度もこのような言葉を聞かされている。このように竹下という人は、過剰なまでに控えめに語るのが好きな政治家であった。

竹下登と言えば、「理念なき、哲学なき政治家」というキャッチコピーが巷間《こうかん》に流布《るふ》されていたが、これも竹下自身が使っていた言葉だった。それがマスコミに使われ、竹下評の定番になってしまったのだ。

「言語明瞭、意味不明」という表現も、同じく竹下自身が好んで口にした自嘲《じちょう》の言葉である。竹下の人間味がよく現れている著書『政治とは何か　竹下登回顧録』のなかでも、竹下は「私はずるい」と連発している。

後世、自分についての一級資料となるであろう書物に「私はずるい」という表現を削除することなく残すとは、並みの人間ではない。

竹下は自分で「理念なき政治家」という通り、常に調整役に徹し、自分の意見や本音を口にすることはほとんどなかった。その代わり、調整能力はずば抜けており、回顧録でも「田中さんは僕を便利ないいやつだと思っていたと思いますよ」と述べている。

リクルート事件が55年体制を崩壊させた

首相の座に就いた竹下を戦後最大の大疑獄事件が襲った。リクルート事件である。

1988年6月、朝日新聞は川崎市の小松秀熙《こまつひでき》助役にまつわる疑惑をスクープとして報じた。小松がリクルートの江副浩正《えぞえひろまさ》会長から、系列の不動産会社であるリクルートコスモスの未公開株3千株を1株当たり1万2千円で譲渡され、株式の店頭公開時に約1億2千万円もの売却益を得たというものだ。

しかも、株の購入資金もファーストファイナンスというリクルート系ノンバンクから融資されており、これは賄賂に当たるのではないかと記事は指摘していた。

当初は、川崎市の都市計画「かわさきテクノピア」をめぐる自治体レベルのスキャンダルのように見えたが、間もなく事件は中央政界に燃え移った。

秘書名義ではあるものの、首相である竹下をはじめ、派閥の領袖である中曽根康弘《やすひろ》、宮澤喜一、安倍晋太郎、渡辺美智雄《わたなべみちお》、さらに派閥の幹部である森喜朗《もりよしろう》、加藤紘一《かとうこういち》、藤波孝生《ふじなみたかお》ら大物政治家の名前が取り沙汰された。その他、前文部事務次官の高石邦男《たかいしくにお》、元労働事務次官の加藤孝《かとうたかし》、NTT会長の真藤恒《しんとうひさし》ら官界や財界の実力者の名前が次々に上がってきた。

どの人物も小松助役と同じパターンで利益を得たと報道され、「濡れ手で粟《あわ》」（楽して利益を得ること）という言葉が、リクルート疑惑を報じるメディアのキーワードとなったのである。

リクルート疑惑について、東京地検特捜部が本格的な捜査に動き出したのは同年9月のことである。

リクルートコスモスの松原弘《まつばらひろし》社長室長が、国会でいくつもの疑惑を追及して「国会の爆弾男」と言われていた社会民主連合の楢崎弥之助《ならざきやのすけ》議員に「リクルートを助けてほしい」と依頼し、500万円を手渡そうとした。その疑惑の一部始終が日本テレビのスタッフに隠し撮りされ、オンエアーされたのがきっかけだった。楢崎は江副前会長、松原前社長室長、池田友之《いけだともゆき》リクルートコスモス社長を東京地検に告発したのである。密室の犯罪は国民の目にさらされることになり、いわば公開犯罪となった。

リクルート事件で、竹下内閣はもとより自民党全体が大混乱に陥った。宮澤蔵相、長谷川峻《はせがわたかし》法相、原田憲《はらだけん》経済企画庁長官の閣僚3人が辞任に追い込まれた。翌89年2月には江副をはじめ、NTT幹部ら8人が逮捕され、真藤会長や加藤孝、高石邦男らが地検の事情聴取を受けた。

検察の標的は、前首相の中曽根康弘にまで及んだ。78歳という高齢の真藤を逮捕し、中曽根内閣の官房長官だった藤波孝生を起訴したのも、中曽根をこの事件で刑事告訴する道筋を固めるためだった。

私はリクルート事件について徹底的に調べたが、結論だけ言うと未公開株の譲渡という江副の行為は犯罪ではなく、検察の誤った正義感が犯した冤罪《えんざい》だと捉えている。詳しく知りたい人は拙著『正義の罠　リクルート事件と自民党―20年目の真実』を読んでいただきたい。

竹下首相はリクルート疑惑のなかで何とか内閣を持ち堪えるために、自らのリクルートに関する資料提供の全容を公開することを宣言した。ところが、竹下の秘書で金庫番と言われた青木伊平《あおきいへい》が自殺し、これが竹下内閣の命取りになった。

リクルート事件は、ロッキード事件とは比べ物にならないほど、政界とくに自民党に決定的なダメージを与えた戦後最大のスキャンダルであり、いわば55年体制を崩壊させた事件だと私は捉えている。

ロッキード事件で致命傷を受けたのは田中角栄であり、田中派は打撃を被ったものの、三木、福田《ふくだ》、大平、中曽根ら他の派閥はほとんど無傷だった。しかし、リクルート事件では、自民党のほぼ全派閥のトップが致命的なダメージを受けた。

その結果、竹下内閣の崩壊後、リクルートが相手にすらしなかったような宇野宗佑《うのそうすけ》や海部俊樹《かいふとしき》ら、意欲も野心も理念も、メッセージすらない政治家たちが次々に総理大臣になった。

米ソを中心とした東西冷戦の終結によって世界は激動の時代を迎えていたが、日本はリーダー不在のまま漂流することになったのである。

1989年が戦後日本の分岐点

私は戦後の日本を、1989年以前とそれ以後に大きく二分できると考えている。

1989年以前は、太平洋戦争に負けた日本がゼロから出発し、世界の奇跡と言われた高度経済成長を成し遂げ、豊かで平和な国を築き上げた時代だった。

一方の1989年以後は、まるで坂道を転げ落ちるように、国内外に次から次へと難問が噴出し、かつての高度経済成長が夢だったかのような混迷の時代となってしまった。

ターニングポイントとなった1989年とは、どういう年だったのだろうか。ここで簡単に振り返っておくことにする。

まず、1月7日に昭和天皇が亡くなり、2月24日に大喪の礼が行なわれた。これに伴って元号が変わり、平成の時代が到来した。

そして、戦後果てしなく続いた東西冷戦が雪解けを迎えたのもこの年である。

85年3月、ゴルバチョフが54歳の若さでソ連共産党書記長に選出されたが、これがソ連消滅の始まりとなった。

ゴルバチョフは86年にペレストロイカ（政治改革）を宣言し、グラスノスチ（情報公開）や政治の民主化を進めた。87年には米ソ両首脳が中距離核戦力（ＩＮＦ）の全廃条約に調印し、88年にはアフガニスタンからソ連軍が撤退を始めた。

中国では89年６月、民主化を求める学生たちが天安門広場で大デモを繰り広げ、政府に武力鎮圧されるという流血事件が起きた。

そして、89年11月、東西冷戦の象徴的存在だったベルリンの壁が崩壊。12月に地中海のマルタ島で米ソ首脳会談が開かれ、12月３日に冷戦終結が宣言されたのだった。ゴルバチョフはソ連共産党の解党を勧告。その後、保守派によるクーデターが失敗して、91年にはついにソビエト社会主義共和国連邦が消滅している。

一方、日本では89年にバブル経済が絶頂に達したが、その後、91年に崩壊し、一転して大不況となって行くのである。

米ソの冷戦の終結によって、日本の安全保障をめぐる環境も大きく様変わりする。アメリカにとってソ連は敵でなくなり、極東を守る必然性も薄れたからだ。日本からすれば、アメリカはもう日本を守らないのではないかという不安や、アメリカに捨てられるという恐怖が出てきたのである。このため、日米関係をいかに強化するかが外交上の重要な課題になった。

冷戦後に時代を転換する大きなターニングポイントになったのが、91年の湾岸戦争である。この戦争の重要性について理解している日本人は非常に少ないのではないかと私は考えている。

湾岸戦争の発端は、サダム・フセイン大統領による独裁国家イラクが90年8月に隣国クウェートを侵攻したことだ。その直後、イラクは自国やクウェートにいた西側の外国人を人質として収容した。

クウェート侵攻に対し、フセインを非難する声が世界中に湧き起こり、国連安全保障理事会（以下、安保理）は同年11月、翌91年1月15日を期限にイラクに対する武力行使を容認する決議を採択した。

実は、安保理が武力行使容認の決議を採択したのは戦後初めてのことだ。冷戦時代には、安保理の常任理事国であったアメリカとソ連が激しく対立していたため、アメリカのすることにはソ連が反対、ソ連がすることにはアメリカが反対し、安保理は全く機能していなかったのだ。

日本も国連に加盟しているため、安保理の決議には従わなければならない。このとき、日本の首相は海部俊樹、自民党幹事長が小沢一郎だった。海部も小沢も当然、自衛隊を派兵すべきだと考えた。ところが、社会党や共産党など野党はもちろん、自民党内でも野中広務《のなかひろむ》や古賀誠《こがまこと》らが反対し、派兵は断念された。

日本は戦後、平和憲法の下で平和国家として存立してきたが、国民的な合意としてふたつのやってはならないことを決めていた。そのひとつが集団的自衛権の行使、もうひとつが自衛隊の海外派兵であった。この国是を破ることになるため、政府は派兵を断念したわけだ。その代わりに130億ドルという巨額の資金を出したが、このことが世界中から非難され、軽蔑される結果になったのである。

この湾岸戦争の一件は、日本のいわばトラウマになった。これ以後、日本は国際平和のために金ではなく、行動で示さなければならないという声が国内でも強くなって行った。

幻となった公的資金投入計画

1991年11月、海部内閣の退陣を受けて召集された臨時国会で、宮澤喜一が首相に指名された。宮澤は池田勇人《いけだはやと》、大平正芳《まさよし》の流れを汲《く》む宏池会《こうちかい》の領袖であり、マスコミからも「保守本流政権の登場」として期待が寄せられた。

92年8月上旬、日本銀行に「兵庫銀行の資金繰りが8月20日以後、つかなくなる恐れあり」という緊急事態の連絡が飛び込んできた。兵庫銀行は第二地方銀行グループのなかでは最大手だったが、バブルがはじけて融資先の担保だった土地の価格が下落し、不良債権が急増したのだ。

日銀も大蔵省も、兵庫銀行の例が氷山の一角であることを承知していた。以後も不良債権の急増による経営危機が、地価が急騰した大都市部の銀行に広がって行くだろうと予測し、危機感を募らせた。

金融財政に強いと定評のあった宮澤は同年8月30日、長野県にある軽井沢プリンスホテルで開かれた自民党主催のセミナーで、「不良債権処理はできる限り急がねばならない」と発言した。

「バブル崩壊で金融機関が抱えている不良債権の買い取り機関を設立し、そこに必要ならば公的資金を投入する。これは、銀行を救済するのではない。国民経済の血液とも言える金融がうまく動かなくなれば、迷惑するのはお互いだ」

宮澤はこのとき、10兆円規模の公的資金の投入を考えていたようだ。宮澤首相のブレーンのひとりで、公的資金投入計画の仕掛け人と言われた浜田卓二郎《はまだたくじろう》衆議院議員はこう証言している。

「ぼくが公的資金投入計画のシナリオを説明したら、宮澤さんは『大蔵省が反対する』と言ったんだ。公的資金投入となれば、その前に銀行の徹底したディスクローズが必要だし、何よりも銀行の幹部の責任を追及しなければならない。要するに、大蔵省主導の護送船団方式が壊れることになるわけだ。『これは大変だぞ』という宮澤さんに『では、やりませんか』と聞いたら、『いや、やろう』と面白そうに言った。そして、軽井沢セミナーでの発言となったのです」

しかし、宮澤首相の公的資金投入宣言は実現されなかった。

この宮澤構想が実施されていれば、金融機関の不良債権はもっと早く解消され、これほどまでに長く景気の低迷が続くことはなかったと指摘する学者やエコノミストたちの解説をこれ以後、しばしば耳にすることになる。

銀行の膨大な不良債権こそが「失われた20年」の要因となったわけだが、宮澤首相の時代に不良債権が処理されていれば、日本経済はもっと早く回復軌道に乗っていたに違いないと私も考えている。

「失われた20年」の始まり

宮澤首相が宣言した公的資金投入計画はなぜ実現されなかったのか。

これについて、浜田は「大蔵省が全力を挙げて公的資金投入計画をつぶしたのだ」と語っている。

浜田がある大手銀行の幹部を訪ねたところ、「公的資金など投入したら、おまえら幹部のクビは間違いなく全部飛ぶ。それが嫌なら公的資金など余計なことだ。必要ないと断れ」と大蔵省の幹部が繰り返し恫喝《どうかつ》を加えていたことがわかったという。

確かに、宮澤発言の翌日、大蔵事務次官の尾崎護《おざきまもる》はさっそく公的資金の投入を否定している。

つづいて9月2日、日経連会長の永野健《ながのたけし》が「経営情報をすべて公開することなく、公的資金を投入することは反対」と批判の口火を切り、日本商工会議所会頭の石川六郎《いしかわろくろう》や経済同友会代表幹事の速水優《はやみまさる》もそれに同調した。

さらに9月4日、全国銀行協会会長で東京三菱銀行頭取を務めることになる三木繁光《みきしげみつ》が朝日新聞のインタビューに対し、「公的資金に頼る気持ちは全くない」と拒否の姿勢を打ち出している。

これらの動きを仕切ったのは、大蔵省銀行局長の寺村信行《てらむらのぶゆき》だった。

どうして大蔵官僚たちは宮澤の提言をつぶし、財界首脳たちがそれに同調したのだろうか。東大経済学部教授で経済学者の伊藤元重《いとうもとしげ》に尋ねた。

「ひとつには、大蔵官僚たちも経済界も、事態を楽観視していたのだと思います。株価も地価も一旦は落ちたけれども、いずれ回復するだろうとね。つまり、この不況を循環的な不況の大きなものと考えれば、回復すれば不良債権も健全な債権になるわけですから。

だから、バブルがはじけた後、多くの銀行が不良債権を抱えた企業にさらに追い貸しをしています。それをカンフル剤としてつないでおけば、企業が倒れず、いずれ景気が回復すると読んでいたのです。だから、銀行の貸付額や不良債権の額は、バブルがはじけた後になってもむしろどんどん増えているのですよ」

実際に銀行の貸付残高が最高額に達したのは１９９６年秋だった。その額が５３７兆円にまで膨らんでいることから、追い貸しに次ぐ追い貸しをしたことがわかる。

日本銀行出身で衆議院議員（今の厚生労働大臣）の塩崎恭久《しおざきやすひさ》はこう分析している。

「景気が回復し、株価や地価が戻ると考えていたことは事実でしょう。しかし、公的資金つまり国民の税金を投入せざるをえないということは、大蔵省がバブルのつぶし方の失敗を認めなければならないことになる。大蔵省が日銀とともにバブルを作ったことは明らかです。そして、失敗を認めると責任を取らなければならない。ところが、官僚というものは絶対に責任を取らない。だから、失敗を認めない。こういうことが日本の大問題なのですが、いろんな理屈はあるにせよ、失敗を認めたくない、だから宮澤提言を押しつぶしたのですよ」

塩崎は、20年以上続いた景気の低迷を「官僚の無謬《むびゅう》の合成」だと指摘した。平たく言えば、正しいはずのことがいくつも積み重なって、誤った方向に行ってしまうということだ。

宮澤首相はどう考えていたのか。本人に聞くと「総理大臣が陣太鼓を叩《たた》いてみても、誰も応じてこなかった。どこへ手を入れたら事が動き出すというめどもつかない。そんな状態だった」と述懐した。

官僚機構が動かなかったために、緊急にやるべき政策が実施されず、先送りされてしまったわけだ。

宮澤内閣倒れる

1993年5月、私は宮澤に「総理と語る」という番組でインタビューしている。この番組はそれまで、各局持ち回りで当たらず触《さわ》らずの話をするのが決まりになっていたのだが、私は直に政局に切り込むという要望を出し、官邸側の了承を得ていた。

そこで、番組ではズバリ宮澤に「選挙制度の改革をやるのですか」と聞いたところ、宮澤からは「やります。どうしてもこの国会でやらなければならないのです」という決然とした言葉が返ってきた。

選挙制度の改革とは、それまでの中選挙区制を小選挙区制に変えることを意味していた。きっかけはリクルート事件である。国民は自民党政治を金権政治だと強く批判した。そこで、自民党は、金権政治の元凶は中選挙区制であるから選挙制度を改革して小選挙区制にするという方針を固めたのである。

宮澤はこう断言した。

「ここで政治改革をしなければ、日本の民主主義というのは大変な危機に陥ります。私が責任を持ってやる」

また、「私はウソをついたことがない」とも明言した。

宮澤はテレビを通して国民に自らの決意を示し、国民に選挙制度改革を約束することで何とか道を切り開いて行こうと図ったのだ。

しかし、自民党は結局、この選挙制度改革に踏み切ろうとしなかった。その結果、宮澤の「総理と語る」での発言は虚言ということになってしまった。

これに野党が強く反発して内閣不信任案を提出した。自民党の小沢一郎《おざわいちろう》や羽田孜《はだつとむ》らが不信任案に賛成したため、宮澤内閣不信任案が可決された。

宮澤はただちに衆議院を解散し、同年7月18日に総選挙が行なわれた。投票の結果、自民党が第1党を保持したものの、前回の選挙結果と比べると52議席も減らし、過半数の256議席には遠く及ばなかった。

しかも、自民党敗北後の一瞬の隙をついて、自民党を離党した小沢一郎らが非自民の7党1会派をまとめ上げ、連立政権を作り上げてしまった。このとき、小沢は当選わずか1回だった日本新党代表の細川護熙《ほそかわもりひろ》を首相に、政権中枢から一定の距離を置くと宣言していた新党さきがけの武村正義《たけむらまさよし》を官房長官に据えた。

このときだけでなく、その後の剛腕ぶりを見ると、小沢は政界一強引で口説きの名人であり、政権作りが巧《うま》い政治家だと言えるだろう。

93年8月、細川護熙の非自民連立政権が誕生した。こうして、自民党は55年の結党以来、守り続けてきた政権を初めて失ったのであった。

しかし、小沢は連立政権を作ったものの政策には興味がなかったらしく、細川政権では政策らしきものは何も作らなかった。

当時、小沢のパートナーであった公明党の市川雄一《いちかわゆういち》に「小沢さんは何がしたかったのか」と問うと「社会党をふたつに割り、自民党を分裂させることだ」と断言した。

政権基盤が弱く「ガラス細工」と評された細川連立政権は263日で幕を閉じ、小沢の目論みはいずれも失敗に終わっている。

翌94年6月末には、自民党が小沢らの裏をかく形で、社会党の委員長である村山富市《むらやまとみいち》を首相に担いで自民・社会・新党さきがけの連立政権を立ち上げた。

これは実質的には自民党政権であり、自民党が早くも政権を奪還したわけだ。

つなぎに終わった村山内閣

村山富市首相は社会党の委員長らしく、「人に優しい政治、安心できる政治」をスローガンに掲げた。

１９９５年８月15日、戦後50年の節目となった敗戦記念日には村山政権として閣議決定した戦後50年の談話、いわゆる村山談話を発表している。これは、日本が植民地支配と侵略によって多くの国々、とくにアジア諸国の人たちに多大な損害と苦痛を与えたことを歴史の事実として認め、「あらためて痛切な反省の意を表し、心からのお詫びの気持ちを表明いたします」として公式に謝罪したもので、その後も日本の公式見解として歴代内閣に引き継がれている。

しかし、在任中の１９９５年１月に阪神淡路大震災が発生し、続いてオウム真理教による地下鉄サリン事件が起こる。さらに北朝鮮の核危機が勃発《ぼっぱつ》し、中国が台湾海峡付近でミサイル発射訓練を行なうなど、北東アジア情勢がきな臭くなってきた。

次々に起きる事態への対処が手ぬるいとして、村山内閣への批判が急速に高まった。こうしたなかで、村山首相自身はどう対応していいか見当がつかず、ひたすら困惑していたようだ。

財政問題も、村山内閣の緊急課題のひとつだった。

細川内閣時代にすでに火がついていた東京協和信用組合と安全信用組合の２信組の破《は》

綻《たん》が明らかになり、現役の大蔵官僚や政治家を含めたスキャンダルが連日、新聞やテレビを騒がせていた。

1ドル100円前後で推移していた円ドル相場が90円を突破して4月には75円まで上がり、前代未聞の円高となった。一方、日経平均株価は6月から7月にかけて1万4千円台に低迷した。

村山首相は、財政危機宣言を打ち上げた。

この頃、コスモ信用組合（本店・東京）をはじめ、兵庫銀行（本店・兵庫県神戸市）、木津信用組合（本店・大阪市）、大手信託銀行などが相次いで経営危機に陥っていた。

マスメディアは、まるでそれらの金融機関を倒産に追い込もうとしているかのように、内部から漏《も》らされたリーク情報を競って書き飛ばし、さらに問題を抱えた金融機関を必死になって探しまわった。いくつもの名前も知らない金融機関がマスメディアに登場し、経営危機を煽《あお》られているかのようだった。

事の重大さに堪《た》え切れなくなったためか、96年1月、村山首相が突然、辞意を表明した。

同月11日、自民党総裁だった橋本龍太郎が首相に選ばれた。

あわただしく発足した橋本内閣の支持率は朝日新聞の61％をはじめ、各紙とも60％前後となり、細川内閣に次ぐ高支持率であった。

国民の誰もが村山内閣はつなぎの内閣であると感じていたので、いわば本格内閣として橋本内閣に期待したわけだ。

橋本首相の財政構造改革

「私が国会に議席をいただいた昭和38年（１９６３年）に１５３人に過ぎなかった１００歳以上の人口は今や６千人を超え、その間に出生数は１６５万人から約１２０万人に大幅に減少しています」

橋本首相は96年1月に開かれた国会で行なった施政方針演説で、日本が少子高齢化社会に突入していることを国民に訴えた。

少子高齢化が進行すれば、福祉・年金・税制などを抜本的に改革せざるをえなくなるが、歴代内閣は全く手を付けていなかった。だから、橋本は無策の現状への危機感と改革への強い意志について力説したわけだ。

「私が目指すこの国の姿は、一人ひとりの国民が自らの将来に夢や目標を抱き、日本人に生まれたことに誇りと自信を持つことができ、そして世界の人々とともに分かち合える価値を創り出すことができる、そのような社会であり国家であります」

橋本首相の秘書官であり、橋本がもっとも信頼していた衆議院議員（現在は民進党代表代行）の江田憲司《えだけんじ》は「橋本の内閣の初めの旗印は改革創造内閣だった」と説明している。

「改革だけでは、細川政権と同じです。変わり映えしない。わが政権はただ現存の制度を打ち壊すだけではなくて、新しい21世紀型のシステムを創造するのだという意味を込めたのです。その後、さらに改革という言葉は陳腐なので変革に変え、変革と創造になりました」

橋本内閣は少子高齢化社会に対応した財政構造改革の骨格を作る作業を始め、97年1月に第1回の財政構造改革会議が開かれた。この会議に陪席した江田は「財政構造改革は大物たちを取り込んでうまく行き過ぎた。それが逆に首を絞めた」と説明している。

この会議には中曽根康弘、竹下登、宮澤喜一ら歴代首相や、武村正義ら蔵相経験者が招かれたが、誰ひとり政府案に反対の意を示すことはなかった。議事録は公開されていないが、中曽根や武村らは「橋本案は生ぬる過ぎる」と主張したようだ。竹下は「通常、予算編成というものは枝ぶりを考えがちだが、もう考えなくていい」とも発言した。枝ぶりを考えるとは、バランスを考慮するということだ。

その結果、当初案では赤字国債の発行をゼロにする時期が２００５年となっていたのを、03年に前倒しした。96年度の赤字国債が11兆円だから、ちょっと考えただけでも、これは大変なことだ。ところが、政界の大物たちからも、自民党内からも反対意見はなかった。

この改革案に沿って、大胆な予算の削減が断行された。公共事業費は98年度が７％減で、その後毎年減らして行くことになった。ＯＤＡ（政府開発援助）は10％減、防衛費はプラスマイナスゼロ、さらに社会保障費も当初は８千億円増だったのを３千億円増に切り詰めた。

この予算の削減に努力したのが、厚生大臣だった小泉純一郎《こいずみじゅんいちろう》だ。江田は「小泉大臣が蛮勇を揮《ふる》った」と評価した。小泉は、項目ごとに歳出の上限を設けて、大胆に予算をカットして行った。

97年４月、消費税が３％から５％に引き上げられ、組合健保などの負担率が２割に引き上げられた。その結果、国民負担額が９兆円増加することとなり、特別減税も打ち切られた。

読売新聞の社説は「正念場を迎える〝橋本財政改革〟」という見出しで「本当に構造改革の名に値する財政立て直しができるのだろうか。（中略）よほど大胆な見直しにさらに踏み込まない限り、看板倒れの改革に終わる恐れが強い」（97年5月16日）と改革が腰砕けになる不安を募らせながらも橋本内閣を叱咤《しった》激励している。

日経新聞も「橋本内閣の構造改革が、構造改革と呼べる成果をあげられるかどうか、これから正念場を迎える。思惑どおりに進むかどうかは、ひとえに首相の指導力にかかっている」と首相に発破《はっぱ》をかけた。

金融パニック勃発

ところが、１９９７年11月、準大手であった三洋証券が会社更生法の適用を申請し、デフォルト（破綻）に陥る事態となる。これが、金融パニックの火付け役となった。

三洋証券の経営悪化が明らかになった時点で、大蔵省証券局長の長野《ながの》厖士《あつし》は野村證券社長の酒巻英雄《さかまきひでお》に再建の支援を頼んでいた。酒巻の反応は悪くなかった。ところが、同月3日に野村證券の総会屋への利益供与が明らかになり、頼みの酒巻が社長を退任してしまう。

続いて同月17日、北海道拓殖銀行が資金繰りに行き詰まった。かつて大手20行と言われた銀行のひとつが破綻に追い込まれたのである。橋本内閣の三塚博《みつづかひろし》蔵相は、中小銀行の経営破綻が起こるなかで「大手20行の破綻は絶対にない。つぶさない」と大見得を切り続けてきたのだが、それが脆《もろ》くも崩れてしまったわけだ。

同月24日には、4大証券のひとつである山一證券が倒産。自主廃業に追い込まれた。連結負債総額は6兆7千億円、預かり資産が24兆円だった。山一證券では「飛ばし」と言われる隠し不良債権が露呈したために、株価が14日に100円を切り、19日には65円まで落ちていた。

さらに同月26日、宮崎県の第二地銀である徳陽シティ銀行が倒産した。

そして、日本債権信用銀行や日本長期信用銀行の経営不安が深刻化しており、全国的に取り付け騒ぎが発生する恐れがあるとして、大蔵省幹部たちは危機感を募らせた。

同年7月に2万円台であった東証の日経平均株価は、12月には1万5千円台まで急落した。また、96年は3・6%に止まっていたGDP（国内総生産）の伸び率が97年10～12月には0・7%にまで下落した。

こうした混乱状況をふまえ、橋本首相の経済失政を問う声が一挙に高まった。

また、経営パニックや深刻な不況で「景気を良くする政策に転換せよ」という声が強まっていたが、皮肉なことには山一證券が自主廃業した4日後の11月28日に、経済を引き締める財政構造改革案が成立した。

何ともシラけた法案の成立だった。

橋本内閣倒れる

橋本内閣はそんな逆境のなかで、1998年7月12日に参議院選挙を行なわねばならなくなった。

財政構造改革など、どこ吹く風で、選挙の課題は何よりも景気回復だった。

野党はいずれも景気回復のために大幅な恒久減税を実現すべきだと主張していた。しかし、橋本首相は恒久減税を口には出せなかった。なぜなら、財源を手当てできる見通しが全くつかなかったからだ。

ところが、選挙戦の形勢が不利だと知った橋本首相は同年7月3日に熊本市で行なった記者会見で、「所得課税のあり方を聖域なく見直す。結果として出て来るものは、特別減税のような姿ではなく、恒久的な税制改革として打ち出されることを期待している し、その方向になるだろう」との見解を表明した。

新聞各紙は「首相 恒久減税を表明」（読売新聞）、「恒久減税、不信一掃へ決断首相」（日経新聞）、「恒久減税の意向表明」（朝日新聞）などと、いずれも大きく報道した。

そうしたなか、7月5日に橋本首相は私が司会を務めたテレビ朝日のサンデープロジェクトに出演した。

私が「恒久減税をした場合、財源はどうするのか」と単刀直入に問い質すと、橋本首相は「私は恒久的な税制改革になると言っているのであって、恒久減税をやるとは言っていない」と答えた。

田原「恒久的減税はやらないのですか」
橋本「だから、恒久的税制改革をやるのです」
田原「それでは、各新聞の報道はすべて誤報だったのですか」
橋本「だから、私は恒久税制改革をやると言っているんです」
田原「国民はその答えを首相の逃げだと捉えますよ。国民は首相が恒久減税をやるのか、やらないのか。はっきりした答えを期待しているのですよ」

橋本首相は、今にも消え入りそうな表情で「私は恒久税制改革をやると言っている」と同じ言葉を何度も繰り返すだけだった。首相は自らをどんどん追い詰めて行っているようにしか見えなかった。

番組での橋本首相の発言を新聞各紙が取り上げた。朝日新聞は「自民迷走」と大きく報じ、「首相は曖昧な表現に終始した」と記した。

読売新聞も「恒久減税をめぐり　首相公約か否か　野党党首はいっせいに反発」という見出しで、民主党の菅直人《かんなおと》代表の「首相が方針転換したのか明快でなく、国民は判断のしようがない」というコメントを載せた。日経新聞は「首相発言波紋広がる」という見出しで、やはり橋本首相の迷走ぶりを報じている。

迷走の挙げ句、橋本首相は7月8日の夕方、「恒久減税を翌99年から実施する」と表明した。

投票日のわずか4日前のことで、朝日新聞は「泥縄の決断」つまり遅すぎる決断だと皮肉たっぷりに報じた。

橋本首相がギリギリまで追い詰められた時点で恒久減税実施を表明したことによって、迷走ぶりがより鮮明になるという結果になってしまった。

7月12日に投票が行なわれた参議院選挙で、自民党は改選前の61議席から44議席に激減し、惨敗を喫した。一方、野党第一党の民主党は18議席から27議席、共産党が6議席から15議席に議席数を増やして躍進した。これについて、新聞各紙は一斉に「経済失政で不信任」と報じた。

この選挙結果を受けて、7月13日に橋本が退陣を表明した。

以後、私は「田原が橋本首相を失脚に追い込んだ」という賛否両論の声を数多く聞くことになった。

私がテレビでインタビューしたことが端緒となって時の首相が退陣に追い込まれたのは、海部、宮澤に次いで3人めであった。結果的にそうなってしまったが、意図的にやったわけでは全くないことを一言付け加えておく。

世界一の借金王

1998年7月30日、橋本龍太郎退陣の後を受けて、平成研究会の会長である小渕恵三が首相となった。竹下派は創政会《そうせいかい》から経世会《けいせいかい》を経て、平成研究会に名称変更していた。

この年、GDPの伸び率は1〜3月期が前年同期に比べてマイナス1%、4〜6月期がマイナス1・1%と2期連続のマイナス成長となっていた。東証の日経平均株価は6月12日に1万4784円まで落ち込み、前年同日の2万564円に比べて5780円も下落したことになる。

また、国民銀行（本店・東京）、幸福銀行（本店・大阪）、新潟中央銀行など中小の金融機関の破綻が相次いで起き、1〜6月期の企業倒産による負債額は6兆900億円で戦後最悪を記録した。さらに、失業率は4〜6月期で4・1%と、前期同期の3・3%から一段と悪化していた。高度経済成長が始まって以来、失業率が4%を超えたのは初めてのことだった。

小渕首相は「最初の2年間は何よりも需要の喚起、雇用と企業の拡大に専念する」と強調し、橋本首相が政治生命をかけて97年11月に成立させた財政構造改革法をあっさり凍結させてしまった。というのも、この法律が日本経済を破綻に追い込んだ元凶とされていたからだ。

また、不況の連鎖を断つために、小渕内閣は緊急経済対策として24兆円の財政支出による公共事業の実施を打ち出した。さらに、翌99年度予算では公共事業を前年度に比べて11％も増加させ、総額で９兆円を超える減税を行なった。

その結果、99年度の国債発行額は過去最高の38兆６千億円に上り、国債依存率は43・3％となった。

小渕恵三はわずか1年８か月の在任中に総額で約84兆円もの国債を発行したことになり、国債残高は約６００兆円と明らかに異常な数字になっている。

この当時、大蔵省財務官だった榊原英資《さかきばらえいすけ》は小渕内閣の極端なバラ撒《ま》き政策についてこう説明した。

「小渕首相は『ぼくは世界一の借金王だ』と皮肉まじりに言っていますが、私はやむを得なかったと思います。国債残高が増えるのは、子どもや孫に借金を押しつけることで深刻な問題です。しかし、財政再建や不良債権処理という大手術をするためには、その前に患者に手術に耐えられる体力をつけさせておかねばならない。手術は成功したが患者は死んだのでは意味はない。小渕内閣がやったのは、大手術の前の体力づけなのですよ」

『検証経済失政　誰が、何を、なぜ間違えたか』の共著者で、ＴＢＳテレビ「ＪＮＮ報道特集」ディレクターだった西野智彦《にしのともひこ》はこう分析した。

「財革法で挫折して大蔵省は発言権を失っていた。この頃、省内から接待スキャンダルで逮捕者が出たということもあり、大蔵官僚イコール悪のイメージだった。ケインジアンの宮澤首相が好きなように存分にやれたのじゃないですか」

西野はそう解説したうえで「ただし、それはモルヒネです」とも付け加えた。

「平成の高橋是清《たかはしこれきよ》」を期待されて再び蔵相に就いた宮澤元首相のケインズ政策により、99年度のＧＤＰは前年に比べて０・７％伸び、２０００年には２・５％伸びた。東証の日経平均株価も99年11月24日には２年３か月ぶりに一時１万９千円台となり、前年同期に比べて約４千円も上昇したことになる。00年２月９日には終値は１万７千円だったが、最高値が２万８円と一時的に２万円を超えた。

こうして小渕・宮澤コンビによる巨額の財政出動によって、日本経済という患者の体力は戻ったわけだ。

小渕内閣は体力をつけた後、榊原が指摘したように大手術を考えていたようだ。小渕首相の直属の機関である経済戦略会議の議長でアサヒビール相談役だった樋口廣太郎《ひぐちひろたろう》はこう明かす。

「00年の2月中旬に小渕さんは宮澤蔵相と会って、将来の子孫にこれ以上、国債を残してはいけないと話し合いました。歳出の引き締め、具体的には公共事業を締め、福祉も締め、そして増税つまり消費税の引き上げを決意していたのです」

念のために財務省の渡邊博史《わたなべひろし》財務官にも尋ねた。現役官僚ゆえに慎重な言い回しながら、渡邊も樋口の説明を認めたうえで、「消費税の引き上げについても、小渕首相の在任中に敢行すると決めていたかどうかは定かではないが、少なくとも道筋をつけるつもりでいました。03年までに審議を尽くして、05年から実施すると考えていたはずです」と話した。

小渕首相の死

だが、2000年4月2日未明、小渕首相は脳梗塞で倒れて入院し、わずか1か月余り後の5月14日に亡くなってしまった。

倒れる6日前、私は小渕首相に約2時間にわたり、インタビューをしている。小渕首相は精力を費やして同年7月のサミットの沖縄開催にこぎつけたが、その九州沖縄サミットの舞台となるはずの会場に隣接したホテルがインタビューの場所であった。

小渕首相はサミットの成功と日本経済の大手術への決意、そして3月27日に初会議が行なわれた教育改革国民会議の構想について熱を込めて語った。

この会議については、同年2月の中旬に小渕首相から私に電話がかかってきて、「教育改革国民会議の委員になってくれないか」と頼まれた。

しかし、私は「教育改革には大いに関心があるが、あくまで在野で発言し、提言もしたいから」と断った。実は、私は同じ理由から政府委員は全部断っており、これまで一度も受けたことがない。

インタビューの間、小渕首相は気力こそ弾《はじ》けんばかりに充実していたが、肉体的には疲労困憊《こんぱい》状態にあるように見えた。というのも、それとなく気をつけていないと、どんどん姿勢が前屈《かが》みになってしまうのだ。

そこで、私が「毎晩5時間寝ていますか」と聞くと「5時間寝るのが夢だが、3時間。5時間には程遠いね」と言って苦笑いした。

小渕首相は国民から信頼される人望の厚い首相だったが、まじめで几帳面《きちょうめん》過ぎたと思うことがある。たとえば、私が話したことについて熱心にメモを取るだけでなく、後で電話をかけてきて「田原さん、あれはどういうことですか」と質問する。この頻繁な電話かけは「ブッチ・ホン」と言われて有名だった。

余計なことだが、インタビューした私の話についてメモを取って聞いてきた首相は小渕、中曽根のふたりだけで、中曽根首相は大学ノートにメモしていた。私は当時まだ40歳代のチンピラだったから、とても嬉《うれ》しく思い、舞い上がったものだ。

小渕内閣が抱えていたもうひとつの重要課題は、100兆円にも及ぶと言われていた銀行の不良債権処理だった。

99年3月、小渕首相は銀行の不良債権処理のために公的資金70兆円を用意したと言われている。

ところが、現実に投入されたのは約10分の1の7兆5千億円に過ぎなかった。政府が70兆円を用意したというのは少なくとも100兆円の不良債権を抱えていると見込んだためだろう。にもかかわらず、なぜ公的資金の投入が7兆5千億円と中途半端な金額で終わってしまったのか。

当時、直接の当事者は金融再生委員長で後の金融担当大臣の柳澤伯夫《やなぎさわはくお》と、後に金融庁長官に就任する森昭治《もりしょうじ》事務局長だった。

柳澤大臣はサンデープロジェクトに出演して「銀行の不良債権処理はほぼ完了した。もはや金融パニックは来ない」と言明した。

結局、不良債権処理はその実態を隠したい銀行の壁と、村山・橋本内閣時代から「不良債権処理は決済済みだ」と言い続け、無謬性《むびゅうせい》にこだわる大蔵官僚の壁という二重の壁に阻《はば》まれ、放置されたわけだ。

小渕首相が倒れたことで、肝心の日本経済の大手術は掛け声倒れに終わり、巨額の借金だけが積み残されたのだった。

第五章　自民党の危機と小泉構造改革

マスコミによる森首相叩き

新しい千年紀が始まった2000年の4月、幹事長だった森喜朗《もりよしろう》が首相に就任すると、密室談合の自民党政治というマスコミや世論の批判が火を噴いた。

現役の小渕恵三《おぶちけいぞう》首相が病に倒れる危機的な状況のなかで、森と官房長官の青木幹雄《あおきみきお》、幹事長代理の野中広務《のなかひろむ》、参議院議員会長の村上正邦《むらかみまさくに》、政調会長の亀井静香《かめいしずか》が都内のホテルに集まり、善後策を話し合った。その結果、政治の空白を避けるために幹事長の森を後継首相に推薦することにしたが、このことが世論の一斉砲火を浴びたのである。

密室談合というのは従来から自民党政治の形容詞として定着していたが、党内の実力者5人だけで首相を決めたことがあまりにも、その形容詞にピッタリとしていたからだ。

その後も、官房長官となった中川秀直《なかがわひでなお》の女性スキャンダル、ものづくり大学の設置に絡んだ汚職であるKSD事件での村上正邦の逮捕、「日本は神の国」という森首相の講演での失言などが相次ぎ、森内閣はマスコミのバッシングを受け続けた。

密室談合の烙印《らくいん》は強く影響し、同年6月25日の総選挙で森自民党は233議席と前回よりも38議席も減らしてしまった。一方の民主党は躍進し、32議席を増やして127議席を獲得した。

7月に沖縄で開かれた九州・沖縄サミットを成功させ、ソニーの出井《いでい》伸之《のぶゆき》会長を議長に迎えてIT戦略会議を立ち上げるなど経済活性化に向けて政策を打ち出したが、森内閣の支持率上昇にはなかなかつながらない。

翌01年2月には、ハワイ・オアフ島沖で宇和島水産高校の実習船えひめ丸が米軍の原子力潜水艦に衝突されて沈没し、教員・生徒合わせて9人が死亡するという事件が起きた。

この日、森首相は首相に就任して初めてゴルフを楽しんだのだが、森一流の気配りから秘書に休暇を与えたことが裏目に出て、事件発生の報告を受けるのが大幅に遅れた。この件でもマスコミから「無責任だ」と集中砲火を浴び、同年3月の退陣表明に追い込まれた。

森首相はそもそも気配りが細やかで、サービス精神が旺盛な政治家である。にもかかわらず、本人の力量が過小評価されたのは何とも不運としか言いようがなかった。

致命傷となったのは、首相にぶら下がって取材する若い番記者たちとの関係が険悪になり、新聞やテレビに狙い撃ちされたことにあった。たとえば、神の国発言にしても「日本は八百万《やおよろず》の神々の国」と講演で述べているのに、「日本は天皇中心の神の国」という意味に報じられたのだった。

森首相に言わせると、「番記者たちには毎日必ず時間を取って説明しているのだが、それが終わった後もマイクを突き付けてしつこく追ってくる。そこで『うるさい。いい加減にしろ』などと言うと、その部分だけがテレビや新聞に出る」というわけだ。

森を反面教師にしたのか、次の首相となった小泉純一郎《こいずみじゅんいちろう》は「ワンフレーズポリティクス」と批判されても、番記者たちにひとつのことしか話さないスタイルを貫いた。「なぜ、ひとつのことしか話さないのか」と私が問うと、小泉は「いくつも話すともっとも不愉快な部分を拡大されて報じられる。ひとつのことしか言わなければ、どのメディアも仕方なく、それを報じるのだ」と説明した。

小泉内閣誕生の舞台裏

密室談合という自民党批判を払拭《ふっしょく》するため、森首相の後継は総裁予備選挙で決めることになった。

2001年4月の予備選には小泉と亀井静香、橋本龍太郎《はしもとりゅうたろう》、麻生太郎《あそうたろう》の4人が立候補したが、小泉は全国の自民党支部から万遍なく支持を集め、県連票123票を獲得して圧勝した。橋本は15票、亀井（のちに辞退）が3票、麻生は0票だった。

こうして、小泉純一郎が首相に就任した。

小泉が圧勝した理由は、自民党員たちが従来の自民党のあり方に強い危機感を募らせていたからだ。密室談合だけでなく、派閥どうしの馴《な》れ合いや金権体質、かけ声倒れの改革といった自民党政治に、多くの国民が愛想を尽かしていることを党員たちも強く感じ取っていたのである。

主要閣僚や党三役の経験がない小泉はおよそ金権に縁がなく、一匹狼《おおかみ》の異端児として「派閥政治を打倒する」「自民党をぶっ壊す」とそれまで誰も口にできなかったタブーを事もなげに言ってのけた。その尋常ならぬ率直さに、党員は強い期待を抱いたのだった。

小泉までの首相は、田中角栄《たなかかくえい》を祖とする党内派閥である平成研の支援を受けていた。それに対して、小泉は平成研の橋本龍太郎に真っ向から勝負を挑み、平成研を敵に回して初めて首相の座を獲得した人物だった。

首相就任後の支持率は朝日新聞調査では78％、読売新聞調査では87％といずれも戦後最高を記録した。自民党の衆議院議員でありながら小気味よく自民党批判を打ち上げていた田中眞紀子《たなかまきこ》（田中角栄の長女）が「変人」と命名して全面的に支援したことも追い風になった。

しかし、小泉が首相になったとき、私は小泉に「あなたは首相になったけれども、人間としては大いに問題ありだ」と言った。

というのは、小泉が総裁に当選した理由のひとつには、橋本と組もうとしていた亀井静香を味方に付けたことがあった。亀井が橋本から小泉へと支持を変えたのは、小泉が亀井に「もし私と組んでくれたら、あなたの思い通りの政治をする。私が首相になったら事実上ほんとうの首相はあなただ」と約束したからだった。ところが、小泉は首相になるや、亀井を100％裏切ったのである。だから、私は「あなたは人間として大いに問題がある」と言ったわけだ。

すると、小泉はこう言ったのだ。

「田原さん、確かに人間としては問題がある。しかし、権力とはそういうものだ」

私はその言葉を聞いて「この男、なかなかやるな」と思ったのだった。

構造改革なくして景気回復なし

２００１年５月、小泉首相は衆参両院の本会議で初の所信表明演説を行なった。

この演説で注目されたのが「構造改革なくして景気回復なし」というフレーズだ。小泉はまず、これまでの「景気回復なくして構造改革なし」という常識を一挙に逆転させたのである。

そして、10年近くも先送りを続けていた銀行の不良債権処理を２〜３年で完了させると明言し、財政構造改革のために02年度予算で国債を30兆円以内に抑えることを目標とすると約束した。また、道路公団と郵政３事業の民営化にも言及した。

橋本内閣の中盤以後、タブーとなっていた「痛みを伴う財政構造改革に軸を移す」と言い切ったわけだ。

小泉内閣の支持率は前代未聞の高さを維持したが、経済成長率の伸びは01年４〜６月が前年同期に比べてマイナス１・１％、７〜９月もマイナス０・９％、10〜12月もマイナス０・８％と低迷を続けた。失業率も７月には53年の調査開始以来、初めて５％台にまで悪化した。

日経平均株価は6月には1万2千円台、8月には1万1千円台に落ち、84年以来の低さとなった。株価はその後も下落し、02年に1万円台を割り、03年には7千円台にまで落ち込んだ。

小泉内閣がその発足時に何よりも具体的に狙っていたのは、経済財政諮問《しもん》会議の活性化だった。それまで財務省が握っていた予算編成権や、縦割の省庁の壁に阻《はば》まれて改革できなかった諸問題に取り組む、いわば国政の参謀本部の役割をこの会議に持たせようとしたわけだ。

小泉首相は、もっとも信頼していた慶應《けいおう》義塾大学教授の竹中平蔵《たけなかへいぞう》を経済財政担当相に抜擢《ばってき》。経済財政諮問会議の委員には東大の吉川洋《よしかわひろし》、大阪大学大学院教授の本間正明《ほんままさあき》、日経連会長の奥田碩《おくだひろし》、経済同友会代表幹事を務めた牛尾治朗《うしおじろう》ら民間人も取り込んだ。

諮問会議では、竹中大臣に主導権を取られまいとする塩川正十郎《しおかわまさじゅうろう》蔵相、柳澤伯夫《やなぎさわはくお》金融担当相、片山虎之助《かたやまとらのすけ》総務相らがそれぞれの省庁の主張を展開し、牛尾や奥田ら民間委員を交えて激しく論争する、従来にはない開かれた場となった。

そして、01年6月に「骨太の方針」と称する基本方針を発表した。

この方針では①2〜3年は低成長を甘受、②02年の国債発行は30兆円以下、③道路公団、道路特定財源や公共事業長期計画の見直し、④老人医療費の伸びを抑制する新たな枠組みの構築、⑤補助金や地方交付税を再検討し、地方財政の支出を徹底的に見直す、⑥郵政民営化を含む特殊法人を抜本的に見直す、などが柱となっている。

「骨太の方針」は疑問付きではあるものの、マスコミから概《おおむ》ね評価された。

同年7月29日に実施された参議院選挙で、小泉自民党は64議席を獲得して圧勝した。橋本内閣の98年選挙の当選者が44人だったことを考えると、小泉内閣が国民から強く支持されたと言える。民主党は4議席増えて26議席となった。

同年8月、経済財政諮問会議は02年度予算の概算要求基準を決めた。小泉首相が就任以来、公言し続けた通り、一般歳出を01年度に比べて9千億円削減し、47兆8千億円となった。これは、過去最大の減額だった。

公共投資関連も01年度より10％削減の約9兆3千億円となり、1兆円を超えると見られていた社会保障関係費も7千億円に抑えた。さらに、一般政策経費とODA予算をいずれも10％削減した。

そして、02年度の国債発行額を30兆円以下に抑制すると発表したのである。

小泉・竹中コンビの緊縮予算に、自民党内にも経済界にも不満が膨《ふく》れ上がった。とくに公共投資や社会保障関係費の思い切った削減に対し、地方出身議員や厚生労働族議員は「日本経済を破滅に追い込む失政だ」と非難した。しかし、世論が小泉・竹中コンビの改革路線を高く支持したために、反小泉の動きは大きなうねりにはならなかった。

小泉内閣の支持率が高いのは構造改革への期待もあったが、国会審議を大きく変えたことも理由のひとつだった。

小泉首相は野党の質問に対して、従来の首相のように官僚が書いた文章を読まなかった。自分の言葉で自分の考えをきわめて率直に述べ、ときには声を荒らげながら話すので国会がとても面白くなった。

それまで限りなくゼロ％に近かった国会中継の視聴率が7・6％（01年5月15日）に跳ね上がり、政治を国民に身近なものにしたのだった。

テロ特措法制定へ

２００１年９月11日、ニューヨークにある世界貿易センタービルと首都ワシントンのペンタゴン（米国国防総省）に旅客機が突入した。約３００人の乗客を道連れにしたイスラム過激派による自爆テロで、アメリカ経済の象徴と安全保障の中核が破壊され、約

3千人が犠牲になった。

アメリカ国民は恐怖のどん底に突き落とされると同時に、自爆テロを行なったイスラム過激派のテロリスト、オサマ・ビンラディンとその一味に激怒した。ジョージ・W・ブッシュ大統領（息子）は「単なるテロを超えた戦争行為であり、自由と民主主義が攻撃されている」と世界中に訴えた。

この呼びかけに一早く呼応したのが、小泉首相である。日本は「米国を支持し、協力と援助を惜しまない」と表明した。

9・11同時多発テロによって、東証の日経平均株価はついに1万円台を割り込んだ。国民の小泉構造改革への批判が爆発してもおかしくない状況にもかかわらず、国民の関心はもっぱら自爆テロとビンラディン一味に向かっていたため、経済政策への批判はほとんど表に出なかった。幸運なことに、小泉首相はその後も大事件の発生によって政権の危機を逃れている。

自爆テロ事件から2週間後の9月25日、急遽《きゅうきょ》ワシントンに飛んだ小泉首相は、ホワイトハウスでジョージ・W・ブッシュ大統領と会見し、「武力行使を除くあらゆる協力をする」と米軍支援立法を約束した。具体的には、アフガン戦争への自衛隊派遣である。

この申し出によって、小泉・ブッシュの関係は一挙に深まり、レーガン・中曽根《なかそね》の「ロン」「ヤス」以上の緊密な関係となった。

これに対し、マスコミの批判も強まり、朝日新聞は26日の社説で「やみくもな軍事力行使は、事態をさらに混乱させる」「自衛隊の派遣を急ごうとするのは、危険きわまりない」と指摘した。また、「小泉首相はブッシュに隷属している」という批判も高まった。

こうしたなか、10月末の参院本会議で、米軍などへの自衛隊の後方支援を可能にするテロ対策特別措置法が自民、公明、保守3党の賛成によって成立した。

これによって、自衛隊は設置以来、初めて海外での後方支援に参加できることになり、同年11月9日、海上自衛隊の補給艦はまな、護衛艦くらま、きりさめの3隻が長崎県の佐世保港を出港した。

私は、武力だけでイスラム過激派のテロを根絶できるとは思わなかった。憲法上引っかかる部分は少なからずあったが、アフガン戦争反対や自衛隊の出動に反対する日本国内での論調には、今ひとつ説得力が感じられなかった。むしろ、後方支援をすることによって、アメリカが作戦を無暗に広げた場合に暴走を制する発言力を持てるとも考えたのだ。

自民党の長老であり、もっともハト派の護憲論者である元首相の宮澤喜一《みやざわきいち》（故人）に尋ねた。

「日本は昭和に入って自衛という名目で何度も侵略戦争を行ない、そして惨敗した。こうしたことは二度と起こさないということで、憲法を作り、それを守ってきた。ぼくは、それは全く正しいことだと確信しています。

しかし、９・11事件のようなことが起きるとは、正直言って誰も想定していなかった。これは明らかに、民主主義社会全体への挑戦です。だから、敵と目されている勢力に直接の武力行使はしないが、それ以外はできる限りのことはやる。自衛隊も派遣するということです」

宮澤の考えを聞いて、私は深く頷《うなず》いた。

北朝鮮による日本人拉致事件

小泉政権スタート以後、外相として入閣した田中眞紀子と外務省の間でトラブルが続いていた。このため、小泉首相は02年1月末、喧嘩《けんか》両成敗という形で田中外相と外務省の野上義二《のがみよしじ》事務次官の双方を更迭《こうてつ》した。

この処分によって、小泉内閣の支持率は急落した。朝日新聞調査は48%で政権スタート時78%から30%も落ちたことになる。少なからぬ国民が「小泉首相はいわゆる抵抗勢力にすり寄った」と感じたのだ。

そうしたなかで、小泉首相は02年6月、道路公団の民営化を強硬に推進するために道路関係四公団民営化推進委員会のメンバー7人を発表した。

元経団連会長の今井敬《いまいたかし》をはじめ、JR東日本会長の松田昌士《まつだまさたけ》、武蔵工業大学の中村英《なかむらひで》夫《お》、元行政改革委員会事務局長の田中一昭《たなかかずあき》、ジャーナリストの大宅映子《おおやえいこ》、マッキンゼー・シニアエクスパートの川本裕子《かわもとゆうこ》、そしてノンフィクション作家の猪瀬直樹《いのせなおき》である。

猪瀬は道路公団問題を小泉に説いた当の本人で、「強硬過ぎる」という自民党幹部の強い反対を押し切り、小泉首相は猪瀬を委員に入れた。この英断に猪瀬も奮《ふる》い立ち、「小泉さんが本気なら、オレも本気でとことんやる」と私に決意を語った。

委員会での議論は難航に次ぐ難航だった。強硬派の猪瀬は全く孤立し、「猪瀬を外せ」との声が強まった。しかし、小泉首相は断固とした態度で最後まで猪瀬を守り、道路公団の民営化を成し遂げたのであった。

この頃、国内に充満していた小泉首相批判が一時的であれ、吹っ飛ぶ出来事が起きた。同年9月、小泉首相が急遽、北朝鮮の平壌《ピョンヤン》に飛び、金正日《キムジョンイル》総書記と二度にわたって会談したのである。日本の首相が国交のない国を訪れたのは、戦後初めてのことだった。

北朝鮮側はそれまで拉致《らち》事件そのものを否定していた姿勢を180度変え、日本側が強く求めていた拉致被害者14人の安否について発表した。8人死亡、生存5人、該当なし1人という内容だった。生存者はその後、地村保志《ちむらやすし》、浜本富貴恵《はまもとふきえ》、蓮池薫《はすいけかおる》、奥土祐木子《おくどゆきこ》、曽我《そが》ひとみの5人とわかった。

そして、小泉首相との会談で、金総書記は拉致を行なったのは妄動《もうどう》・英雄主義に走った一部特殊機関の犯罪行為であると認め、全面的に謝罪した。また、不審船などが日本を脅かしていることについても遺憾《いかん》な行為であるとして「再び生じることがないよう適切な措置を取る」と約束した。

生存者5人は翌10月に帰国を果たしたが、横田《よこた》めぐみや有本恵子《ありもとけいこ》ら8人が死亡とされたことは大きな衝撃だった。北朝鮮側、あるいは日本の外務省も含めて、金総書記の謝罪と5人の拉致被害者の生存を示すことで拉致問題の落着を狙ったのかもしれないが、結果はむしろ逆であった。まだ若い日本人がなぜ8人も亡くなったのかという強い疑惑を多くの日本人が抱いたのだった。

また、会談で署名された日朝平壌宣言のなかに拉致や不審船の文字がなく、金総書記の謝罪の言葉もなかったことで、北朝鮮に対する日本国民の不信感は凄《すさ》まじい勢いで強まることになった。

小泉・竹中コンビで不良債権処理

２００２年９月、小泉首相は発足後初めての内閣改造を行なった。とはいえ、ほとんどが留任で、目を引いたのは中谷元《なかたにげん》防衛庁長官に代わって、軍事オタクと言われる石破《いしば》茂《しげる》が長官になったことだ。国会での難航が予想されるアフガンへの自衛隊派遣を遂行するためと見られた。

また、柳澤伯夫金融担当相が更迭され、竹中平蔵経済財政担当相が金融担当相を兼務した。この人事を知って、私は小泉が本気で不良債権処理に取り組むのだと思った。竹中も小泉との心中を覚悟したに違いない。

竹中が金融担当相に任命されると、不良債権問題に終止符を打つための竹中チーム

（金融庁金融分野緊急対応戦略プロジェクトチーム）が発足した。日本経済研究センター会長の香西泰《こうさいゆたか》、前日本銀行政策委員会審議委員の中原伸之《なかはらのぶゆき》、それにＫＰＭＧフィナンシャルサービスコンサルティング社長の木村剛《きむらたけし》らがメンバーだった。

竹中チーム発足の前日、10月２日の日経平均株価の終値は９０４９円33銭で、バブル崩壊後の最安値となった。不良債権処理の強行によって、デフレが深刻化するとの市場の警戒感が高まったのだ。

だが、竹中チームは何とも強気の方針を発表した。

第一は、銀行に対する資産査定の厳格化だ。甘い査定をしている銀行には、引当金の積み増しを迫る厳しい措置を取ることにした。

第二は、銀行の自己資本を充実させること。具体的には、自己資本のなかに含まれる「繰り延べ税金資産」の繰り入れ上限を10％までとすることにした。この繰り延べ税金資産とは、引当金を積むときに融資企業が破綻すると税金が戻ってくることを当て込んで資産に計上できる仕組みを言う。

当時、メガバンクは繰り延べ税金資産に自己資本の50％前後も依存していた。それが10％となると、もっとも自己資本が充実している東京三菱銀行でさえ、自己資本比率が

8％を割り込んでしまう。つまり、メガバンクのすべてが国際業務を展開する資格を失い、公的資金の再投入を受けざるをえなくなるわけだ。こうなれば、銀行の経営陣の不良債権隠しの責任が問われるが、同時に金融行政の失敗も露呈してしまうことになる。

第三は、ガバナンスの強化である。小渕内閣時代、公的資金が投入された際に作成された経営健全化計画の履行《りこう》状況を厳密にチェックすることにした。その結果、繰り延べ税金資産の繰り入れ上限に違反が見つかれば、経営陣の更迭は避けられない。

予想以上の厳しい内容に官僚たちは慌《あわ》てふためき、メガバンクの頭取たちは悲鳴に近い怒号を発した。

銀行と密接な関係のある自民党議員たちは竹中案を廃案にするため、メディアを動かして「竹中・木村が日本を滅ぼす」と一斉に書き立てさせた。その効果が出たのか、第二の繰り延べ税金資金に関する一項が取り止めになったのである。

このことで、私は小泉・竹中コンビに強い失望感を覚えた。これでは改革の頓挫《とんざ》どころか、文字通り日本を滅ぼすことになってしまうのではないかと思ったからだ。

私はその失望感を塩崎恭久《しおざきやすひさ》衆議院議員にそのままぶつけた。塩崎は財政・金融問題に精通し、はぐらかさずに誠実に答えてくれる人物だったからである。

「実は繰り延べ税金資金問題を、竹中さんたちはうまく利用したのですよ。『50％を10％にするのはけしからん』と数字の問題にみんなの関心を引き寄せておいて、それを先延ばしにする。妥協すると見せかけて安心させた。そして、その他の部分はすべて通した。つまり、繰り延べ税金資金問題を先送りすることで、彼らのやりたいことはすべてできた。竹中さんは『5勝1引き分けだ』と言っていますよ」

しかし、このときから銀行を中心にした経済界の竹中批判はさらに強まることになる。

郵政民営化を断行する

小泉・竹中コンビによる構造改革で、もうひとつ記しておかなければならないのは、郵政民営化である。

ほとんどのマスコミが「竹中・木村が日本を滅ぼす」と批判する記事で溢《あふ》れ返っていたとき、私は竹中の強硬な不良債権処理を支持した数少ないジャーナリストのひとりだった。そのため、竹中は私を信用してくれたようだ。

あるとき竹中から電話がかかってきて、こんなやりとりをした。

竹中「実は困ったことが起きた」
田原「なんですか」
竹中「小泉首相が『郵政民営化をやる。君が担当大臣になってくれ』と言ってきた」
田原「それなら、なればいいじゃないか」
竹中「小泉さんは勘違いしている。かつて郵政大臣のときから小泉さんは郵政民営化を強く主張してきた。当時は郵貯に集まる金はほとんど財投（財政投融資）に投入された。財投というのは、官僚たちが使い放題使える伏魔殿《ふくまでん》のような状態だった。だから、小泉郵政相は財投へ入れないために郵政を民営化すると言っていたのです。しかし、今、財投の運用はきれいになりつつあるのです」
田原「だったら、小泉首相にそう言えばいい」
竹中「ところが小泉首相は頑固で、何としてもやろうとしている。そこで、私が郵政民営化の必要がないと言えば、『なら、おまえは辞めろ』と私を外して別の人間を担当大臣にする。しかし、他の人間が担当大臣になったら郵政民営化はうまく行かない」
田原「ならば、あなたがやるしかないじゃないか」

竹中「担当大臣になるためには、一から郵政民営化の理由を作らなきゃいけない。田原さん、1か月ばかりしたら話を聞いてほしい」

1か月後、私は約束通り、竹中から説明を聞いた。ひとりで話を聞いても私の偏見が出るかもしれないので、自民党の衆議院議員である石原伸晃《いしはらのぶてる》に一緒に聞いてもらうことにした。

竹中の説明を聞き終わり、「石原さん、どう?」と聞いたら、石原は「さっぱり、わからない」と言った。それで、竹中は「じゃあ、もう1回作るから、悪いけどもう一度集まってくれ」と答えた。

小泉内閣の郵政民営化は、こんな危ういところから出発したのであった。

当然のように、自民党内でも郵政民営化に賛成の議員はゼロだった。

竹中は党内のいろいろな部会に呼ばれて話をしたが、どこでも大反対され、罵倒《ばとう》に近い批判を浴びた。すると、その度に小泉首相がやって来て「君たちが私を総裁に選んだのではないか。その私が郵政を民営化しようというのだから文句があるか」と言って、全く揺るがなかったといい、竹中はそのような小泉の頑固さに感心すらしていた。

郵政解散で歴史的大勝利

小泉首相は、強引に郵政民営化法案を国会で通そうとした。

自民党ですら反対が強いのだから野党が反対するのは当然である。それでも、衆議院は賛成２３３票、反対２２８票とわずか５票差で何とか通過した。このとき、自民党の議員37人が反対し、14人が棄権している。

参議院ではとても通る見込みがなかった。否決されれば、内閣総辞職しかない。そうしたら、小泉首相が「参議院で否決されたら衆議院を解散する」と言い出した。誰が考えても道理に合わない、おかしな解散である。

そこで、翌週の月曜日に参議院で採決になる前週の金曜日、前首相の森喜朗は解散を思い止まるよう小泉首相を説得するため、首相官邸に赴《おもむ》いた。森によると、次のような趣旨の押し問答が続いたという。

森「国会で否決されたら国民に信を問うというのは、どういうことだ。国民の代表である国会議員が結論を出したのに、もう一度、国民に問うなんて世の中の理屈に合わんじゃないか。そんなことはガキの言うことだ」
小泉「ガキであろうが何だろうが、絶対にやる」
森「ここは継続審議にしてはどうか。どうせ参議院は通るはずがない。継続審議にすれば、自分たちがうまくやって何とか実現してやるから」
小泉「どうしても参議院で採決したい」
森「採決したら否決に決まっている」
小泉「否決されたら、解散する」
森「君は郵政民営化法案が通るのと解散とどっちがしたいんだ」
小泉「解散したい」
森「わかった。もう、これで帰る」
小泉「怒った顔で出て行ってくれ。その方が解散しやすいから」

森は呆《あき》れ果てたが、記者会見では「小泉総理の意志は固い。絶対解散だよ」と言った後、「缶ビールとひからびたチーズしか出なかった。けしからんヤツだ」と言って怒った顔をし、小泉の頼み通り、ひと芝居打ったという。

その晩、森は郵政民営化に断固反対している亀井静香の行きつけのふぐ料理屋に電話をした。亀井は酔っ払って高歌放吟《ほうぎん》し「小泉内閣は終わりだ。小泉内閣打倒の前夜祭だ」と言って祝杯を上げていた。森が「小泉は解散するぞ」と言っても、亀井は「小泉にやれるもんか」と言って取り合わなかった。

結局、小泉首相は亀井の確信を打ち砕き、郵政民営化法案が参議院で否決されたのを受けて衆議院を解散し、総選挙で民意を問うた。

このとき、衆議院を解散するにあたって、小泉首相は地動説を唱えたガリレオ・ガリレイの例まで引いて「郵政改革にいのちをかける。殺されてもやる」と今にも残る名演説を打った。それでも、自民党議員の大半は「参議院で否決されて衆議院を解散するなど筋が通らない。この選挙は負ける」と信じていた。

05年9月11日、郵政選挙と言われた総選挙で、自民党は296議席、公明党の31議席を加えた連立与党で327議席を獲得。自民党議員たちの予測を裏切っての歴史的な大勝利だった。

小泉政権がやり残したこと

この選挙の後、私は小泉首相に会っていくつかの注文をしている。

ひとつは、構造改革の断行である。

私が「道路公団の民営化や郵政の民営化はまだ端っこの改革だ。次は本丸中の本丸である霞《かすみ》が関《せき》の改革をすべきではないか」と言った。すると、小泉が答えた。

「それはやるべきだ。しかし、橋本龍太郎がやろうとして大失敗した。霞が関の改革をやるには5年以上かける必要がある。なぜなら、官僚は非常に悪くて賢いからだ。しかも、マスコミというのは、究極のところでは官僚の味方をするものだ。橋本内閣でも、マスコミは完全に官僚の口車に乗り、省庁を減らすというとんでもないキャンペーンを張ってしまった」

少しだけ解説すると、橋本内閣がやろうとした行政改革には3つの柱があった。第一が地方分権で、国の仕事を地方に持っていき、国家公務員の仕事を減らす。第二が人員削減で、国家公務員の人数を減らす。第三が国会議員の定数削減であった。

この改革に官僚たちは「大賛成だ」と言ったが、実はそこには巧妙な罠《わな》が用意されていたのである。

新聞社の社長らもメンバーに入った首相直轄の諮問委員会で議論されたが、ここで官僚たちは「国家公務員の仕事を減らすとか、人数を減らすとかは枝葉末節《しようまっせつ》であり、木を見て森を見ないやり方である。本当に構造改革をするならば、省庁の数を減らすべきだ」と力説した。その提案を聞いて、委員たちは「その通りだ」と受け入れ、マスコミも賛成する報道を行なった。

その結果、省庁が再編され、厚生労働省や文部科学省、総務省などが新設されたが、これは全くのインチキであった。省庁の数を減らしても国家公務員の仕事は減らず、人数も減らなかったからだ。むしろ、省庁が大きくなると大臣の目が届きにくくなり、官僚たちはやりたい放題できるようになった。

この橋本内閣の大失策について、小泉首相は調べて知っていた。

「だから、やろうとするなら5年以上かかる。だが、私にはあと1年しかない。残念だけれどもできない。だから、次の首相にやらせよう。田原さんも、次の首相にやれと言ってほしい」

もうひとつ私が小泉首相に注文したのは、消費税の増税だった。当時まだ5%だった消費税を15%にすべきではないかと提案した。すると、小泉はこう答えた。

「その通りだ。しかし、自分は首相になるときに『増税はしない。ただし、痛みを伴う構造改革をやる』と言って、支出をいろいろ減らした。公共事業も半減した。だから、今さら消費増税をするとは言えない。ウソはつけない。しかし、やらねばならない。その点はよくわかる。これも次の首相にやらせる。私も言うから、田原さんも言ってくれ」

小泉内閣が積み残した仕事は、次に首相となった安倍晋三《あべしんぞう》が引き継ぐことになった。

イラク戦争で自衛隊派遣

小泉政権下の2003年3月、イラク戦争が勃発した。

アメリカのブッシュ大統領（息子）は、イラクのサダム・フセイン大統領による独裁政権が中東を混乱させているだけでなく、大量破壊兵器を隠し持ち、イスラム過激派のアルカイーダとも通じているとして、フセイン大統領の亡命を要求し、応じない場合は攻撃すると通告した。これに対し、イラク革命評議会が要求を拒否したため、アメリカ軍はイギリス軍とともにイラクに軍事作戦を展開し、フセイン政権はあっけなく倒れた。

ブッシュは、太平洋戦争で大日本帝国をつぶしたことで日本が民主化したように、フセインの独裁政権をつぶすことでイラクを平穏にしようとしたわけだ。

01年の9・11後のアフガン戦争は、国連安全保障理事会が全会一致で賛成して行なわれたが、イラク戦争についてはフランスやドイツが反対して正当性のない戦争となった。イギリスも当初は反対していたが、途中でアメリカに追随して参戦した。

一方、小泉首相は日米関係を重んじて全面的に支持した。日本の対応に喜んだブッシュは「自衛隊をイラクへ派遣してくれ。イラクで一緒に戦おう」と求めてきた。

これに対して、小泉首相は「一緒に戦いたいのは山々だが、あなたの国が押し付けた憲法の規定があるから戦えない。もちろんイラクには行くけれども、戦争が終わった後に水汲みに行こう」という理屈で応じた。つまり、アメリカの戦争に巻き込まれないための口実として平和憲法を使ったわけだ。

03年7月にはイラク復興支援特別措置法が成立。翌04年1月、自衛隊はイラクのサマワに派遣され、復興支援活動を開始した。

小泉内閣の時代、自民党は憲法改正について検討し、05年11月に「新憲法草案」を発表している。発起人は幹事長だった山崎拓《やまざきたく》や舛添要一《ますぞえよういち》、与謝野馨《よさのかおる》らであった。この草案では、9条2項で自衛隊を「自衛軍」と呼び、軍隊として認めている。

ところが、小泉政権は草案を作りながら、憲法改正に踏み切らなかった。私が山崎に「なぜ新しい憲法の草案を作りながら、小泉政権は憲法改正の選挙をしなかったのか」と問うと、山崎は「憲法改正などと言い出したら選挙に負ける」と答えた。

この頃は、憲法改正について国民の反対が非常に強かったのだ。もし憲法を改正するのならば、自衛隊を創設するときにすべきだったと私は思う。

このようにして、自民党は結党時の党是だった憲法改正の懸案を60年余りもの間、ズルズルと先延ばしにして来たわけだが、その壁を打ち破ろうとしているのが、次章で述べる第二次安倍内閣であった。

第六章　豹変する安倍政権と自民党の現在

戦後レジームからの脱却

２００６年９月26日、第一次安倍晋三《あべしんぞう》内閣が発足した。

安倍が生まれたのは自民党が結党する前年の１９５４年で、首相就任時はまだ52歳。戦後生まれで初めての首相であっただけでなく、54歳で首相に就任した田中角栄《たなかかくえい》を抜いて戦後最年少の総理大臣となった。

自民党総裁選への立候補を決めた同年９月１日、安倍は出馬表明の記者会見で「戦後レジームからの脱却」を打ち出している。

「戦後レジームから脱却して21世紀にふさわしい国のあり方を示す新憲法を制定するため、リーダーシップを発揮する。戦後60年間を否定するものではないが、私たち自身の手で新しい憲法を書くという精神が新しい時代を切り拓く」

レジームとは政治体制のことで、フランス革命以前の旧体制をアンシャン・レジームと呼んだことがよく知られている。安倍が主張した戦後レジームからの脱却の柱のひとつは、アメリカに押し付けられた憲法を改正することだった。

戦後レジームのもうひとつの柱は極東国際軍事裁判（以下、東京裁判）であるが、これについて安倍首相は06年10月6日の衆議院予算委員会で、いわゆるA級戦犯が問われた「平和に対する罪」を事後法、つまり全うな裁判ではないと位置づけたうえで、「罪刑法定主義上、そういう人に対して犯罪人であると言うこと自体、私はおかしいのではないかと思います」と指摘している。

そして、「あらゆるA級戦犯と言われる方々は、東京裁判において戦争犯罪人として裁かれたわけでありますが、国内法的には戦争犯罪人ではないということは私が先ほど申し上げた通りであります」と述べている。

安倍は東京裁判について、第二次安倍内閣時の13年3月12日の衆議院予算委員会でも次のように答弁している。

「先の大戦において、総括というのは日本人自身の手によることではなくて、東京裁判といういわば連合国側が勝者の判断によってその断罪がなされたということなんだろう。このように思うわけであります」

「勝者の断罪」という表現には一方的という意味合いが込められていて、だからこそA級戦犯が犯罪人であるということ自体おかしいということになるのであろう。

確かに東京裁判は事後法であり、勝者による断罪だとは言えるが、その判決を日本政府はサンフランシスコ講和条約第11条で受諾しているのである。だが、安倍の国会での発言から判断すると、東京裁判を是認してはいないようだ。

もっとも年が明けて07年になると、安倍の姿勢はトーンダウンして、戦後レジームからの脱却という表現自体が使われなくなった。

実はこれは安倍の政治姿勢の変化ではなく、次から次へとスキャンダルが起きたからである。

まず、大阪大学大学院教授で政府税制調査会会長の本《ほん》間《ま》正明《まさあき》がその東京の官舎に愛人を住まわせたという問題が週刊誌で報じられて、結局、本間は会長を辞任する。

続いて、内閣府特命担当大臣の佐《さ》田《た》玄一郎《げんいちろう》、文部科学大臣の伊《い》吹《ぶき》文明《ぶんめい》、そして農林水産大臣の松岡《まつおか》利勝《としかつ》ら3大臣の事務所経費の不正疑惑が次々に露呈し、松岡が自殺するという痛ましい結果になった。しかも、松岡の後任となった赤《あか》城《ぎ》徳彦《のりひこ》農水相にまた事務所経費の問題が発覚し、わずか2か月で辞任に追い込まれた。

さらに、この事務所経費の問題が大きく報じられている最中に、何と年金が5千万件行方不明という大問題が明るみに出た。

安倍内閣はスキャンダルまみれで、戦後レジームからの脱却どころではなかった。

支持率はどんどん落ちて、同年7月29日の参議院選挙で自民党は83議席しか取れず、大敗した。

言ってみれば、政策や運営とは無縁の大敗で、9月12日に安倍首相は体調を崩して退陣を表明したのであった。

安保法制懇と同盟のジレンマ

安倍首相は在任中の2007年5月、安全保障の法的基盤の再構築に関する懇談会（以下、安保法制懇）を立ち上げている。

メンバーは、国際大学学長の北岡伸一《きたおかしんいち》、外務省情報調査局長や駐タイ大使などを歴任した岡崎久彦《おかざきひさひこ》、JR東海会長の葛西敬之《かさいよしゆき》、国際協力機構理事長の田中明彦《たなかあきひこ》、防衛大学名誉教授の佐瀬昌盛《させまさもり》、駒澤大学名誉教授の西修《にしおさむ》ら保守色の強い有識者たち14人である。憲法解釈を変えることによって集団的自衛権の行使を可能にする論理を構築するための会であった。

この背景には、日米関係が大きく変わったことがある。

大事なことなのでおさらいすると、安倍の祖父にあたる岸信介《きしのぶすけ》首相が1960年に改定した日米安保条約は、日本にとって有利な条約であった。日本がどこかの国から攻められたらアメリカが日本を守るが、アメリカがどこかの国から攻められても日本はアメリカを守らないという片務条約だった。

アメリカはなぜ、日本にとって有利な片務条約を受け入れたのか。

それは東西冷戦が深く関わっている。当時は、アメリカを中心にする西側とソ連を中心にする東側が激しく対立していた。世界地図を見ると、日本は西側陣営の東の端つまり極東にあり、日本の隣りは北朝鮮、その隣りが中国、その北がソ連と東側陣営の強国が並んでいる。

アメリカが日本を守るというのは、実は日本を守るのではなくて西側陣営の極東を守るという位置づけだったのだ。だから、朝鮮戦争もベトナム戦争も湾岸戦争のときも、アメリカ軍は日本にあった基地から出撃したのである。

しかし、自国に有利な内容にもかかわらず、日本は安保条約を結ぶことによって「同盟のジレンマ」を抱えることになった。これは、安全保障のプロが使う言葉で、自国の安全のために同盟を結ぶことによって逆に戦争に巻き込まれる危険が高まるというジレンマのことだ。

実際にアメリカは日本に対し、「自衛隊をベトナムに派兵せよ。一緒に戦おうじゃないか」と求めてきて、日本側は断るわけにはいかなかったが、「戦いたいのは山々だが、あなたの国が難しい憲法を作ったから行くに行けない」という理屈で派兵を回避してきたのである。つまり、アメリカの戦争に巻き込まれない口実として憲法を使ってきたわけだ。

ところが、1990年前後に冷戦が終わると、事情が変わった。ソ連という敵がなくなったので、アメリカが極東を守る必然性もなくなったのである。これによって、日本はアメリカから捨てられる恐怖が出てきた。

そこで、冷戦が終わった頃から、日本の歴代政権はさまざま形で日米関係の強化に取り組んだ。

92年には、後に安保法制懇のメンバーになる岡崎久彦や北岡伸一らが読売新聞紙上で、日米関係を強化するために集団的自衛権の行使が必要だと打ち出している。つまり、アメリカがどこかの国に攻められたら、日本もアメリカを守るということで、アメリカが非公式ではあったが強く求めてきたようだ。

対米関係強化のために集団的自衛権の行使の必要性を強く主張したのは岡崎だが、その岡崎が「この人物にやらせよう」と目を付けたのが安倍晋三だったのである。その理由は、安倍が日米安保条約の改定を実現した岸信介の孫であり、しかも安倍が岸をとても尊敬していたからだと思う。

安倍は著書『美しい国へ』のなかで、次のように書いている。

「小さなころから、祖父が『保守反動の権化』だとか『政界の黒幕』とか呼ばれていたのを知っていたし、『お前のじいさんは、A級戦犯の容疑者じゃないか』といわれることもあったので、その反発から、『保守』という言葉に、逆に親近感をおぼえたのかもしれない」

また、安倍は同書で、自民党の結党の柱であった自主憲法の制定が後回しになり、経済発展に力が注がれたことによって、戦後の日本では損得が価値判断の重要な基準となり、損得を超えた価値、たとえば家族の絆《きずな》や生まれ育った地域への愛着、国に対する思いが軽視されるようになったことを嘆いている。

ところが、安保法制懇の報告書が取りまとめられたのは08年6月で、すでに安倍は退陣していた。後継首相の福田康夫《ふくだやすお》や麻生太郎《あそうたろう》はこの問題には全く手を付けないまま、自民党は政権を民主党に奪われることになった。

民主党政権の自滅と安倍の返り咲き

２００９年８月30日に行なわれた総選挙で、民主党が３０８議席を獲得して大勝し、政権交代が行なわれた。自民党は公示前の３分の1余りに激減するという歴史的な惨敗を喫した。

民主党政権は「開かれた政治」を打ち出して登場したが、なまじっか「開かれた」など謳《うた》ったために欠点や矛盾ばかりが露呈し、国民の期待を裏切り続けた。また、民主党政権下の11年３月11日に東日本大震災が起き、東電福島原発の深刻な事故が起きたことも民主党にとっては非常に大きな痛手だったと思う。

12年12月の総選挙で、自民党は４８０議席中２９４議席を獲得して、政権を奪還した。民主党はわずか57議席に止まった。自民党が勝ったというよりも、民主党政権が３年３か月で自滅したのである。

実は同年９月の自民党総裁選で、安倍晋三が総裁に返り咲いていた。一度、総裁を辞任した人物が再び総裁になったのは、１９５５年の自民党結成以来初めてであった。

この総裁選には、安倍のほかに石破茂《いしばしげる》、石原伸晃《いしはらのぶてる》、町村信孝《まちむらのぶたか》、林芳正《はやしよしまさ》らが出馬していて、町村や石破が有力視されていた。

ところが、町村は立候補の4日後に脳梗塞で倒れてしまった。石破は党員投票では1位となったが、自民党を一度離党して出戻った過去の経歴が長老やベテラン議員に不評で、有力視されていなかった安倍が国会議員による決選投票で逆転勝ちしたのである。

安倍は総裁選の出馬会見で、第一次政権時代に靖国《やすくに》神社を参拝しなかったことを「痛恨の極み」と発言し、従軍慰安婦募集の強制性を認めた宮澤喜一《みやざわきいち》内閣時代の河野洋平《こうのようへい》官房長官談話に代わる新しい政府見解を作成するという考えを示した。

さらに憲法改正を前面に掲げ、東京・千代田区の秋葉原駅前で開いた街頭演説会で観衆に強く訴えかけた。

「戦後体制から脱却していく。教育基本法は変えた。いよいよみなさん、憲法改正に挑戦しようではありませんか」

第一次安倍内閣の後半ではソフトムードであったのに、安倍はなぜ、再び異様なまでのタカ派色を示したのか。

政権を投げ出した首相というマイナスイメージ、もっと言えば、影の薄さを懸命に払拭《ふっしょく》するためだったのか。あるいは、かつてのソフトムードがやむを得ない妥協の産物で、この総裁選で剝き出しの本音が露わになったのだろうか。

安倍はその後も豹変《ひょうへん》を続けたため、私は安倍の本当の姿をなかなか見定めることができなかった。

アベノミクス

総裁選から3か月後、2012年12月に行われた総選挙で、安倍はいわゆるアベノミクスを打ち出し、次のように宣言した。

「経済政策に重点を注ぎ、伝統的な日銀の金融政策ではなく、2%というインフレターゲットに向かってありとあらゆる手段を取る。それによって、インフレから脱出し、円高を是正する」

当時、日本の経済学者のほとんどは「日本は成長の時代が終わり、どのような政策を講じても成長は望めない」と主張していた。「資本主義は終焉《しゅうえん》しつつある」という見方も少なくなかった。従って、アベノミクスはそんな経済学者たちの常識に対する挑戦であったと言ってよい。

すでに述べたように12年12月、安倍は吉田茂《よしだしげる》以来64年ぶりに首相として再登板し、公約に掲げたアベノミクスに本腰を入れる。

翌13年2月、安倍は訪米してバラク・オバマ大統領とホワイトハウスで首脳会談を行なったが、オバマ大統領はアベノミクスに歓迎の意を明らかにし、「日本経済の再生が日米両国にとって有意義である」との認識を共有した。

また、同年3月には、元財務省財務官でアジア開発銀行総裁の職にいた黒田東彦《くろだはるひこ》を日銀総裁に起用している。

アベノミクスは当初、否定的な見方が多かったが、13年3月21日の日経平均株価の終値が1万2635円（民主党政権下の12年11月1日は8946円）に跳ね上がり、為替は1ドル94円88銭（11月1日は80円13銭）と大幅な円安になった。その結果、アベノミクス否定の主張はグンと少なくなったのである。

アベノミクスが順調な滑《すべ》り出しを見せたこともあり、同年7月21日に予定されていた参議院選挙に向けて、安倍首相は憲法96条の改正を強く打ち出した。96条は憲法の改正に関する規定で、衆議院と参議院それぞれで総議員の3分の2以上の賛成で国会が発議することができるというものだ。この発議に必要な割合を過半数にまで下げ、憲法改正をしやすくするのが狙いだった。

ところが、5月4日付けの朝日新聞紙上で、慶應《けいおう》義塾大学教授（当時）の小林節《こばやしせつ》が「権力者の側が不自由だからと憲法を変えようという発想自体が間違っている。96条から改正というのは、改憲への裏口入学で邪道だ」と発言した。

この裏口入学という批判が広まると、安倍の改憲論は急にトーンダウンし、最終的には参議院選公約に96条の先行改正を掲げることを断念してしまった。

これは安倍の柔軟性と言うべきか、それとも見識のなさと言うべきか。結局、選挙の争点はアベノミクスの是非を問うことになった。

民主党・共産党などの野党は、アベノミクスに批判的ではあった。円安になっても輸出は伸びず、輸入品の値段が上がり、電気代が高くなるなどの副作用が出ていたのだが、それらは争点にはならなかった。

参院選直前の7月19日現在で日経平均株価は1万4589円、為替は1ドル100円64銭と株高、円安がさらに進み、生産や消費も上向いていたために、自民党が115議席と前回よりも31議席も増やして大勝した。民主党は59議席、維新の会は9議席であった。

この選挙後の8月2日、NHKと読売新聞、産経新聞が一斉に「内閣法制局長官に小《こ》松《まつ》駐仏大使」と報じた。

内閣法制局は一貫して「集団的自衛権の行使は憲法上、許されない」としており、安倍が法制局長官を変えたのはもちろん集団的自衛権の行使を認めさせるためであった。

実は7月の参議院選挙で大勝するまで、参院は自公合わせても過半数に届かないねじれ状態で、それが解消するまで安倍は事を起こさずに安全運転に徹していたのである。

参院選の2か月前に、安倍は使者を使って内閣法制局長官の山本庸幸《やまもとつねゆき》に「集団的自衛権の行使を認めるために憲法解釈の変更はできるか」と問うている。山本の答えは「できません」であった。こうした山本の答えを確かめて、安倍は長官の交代を決めたのだ。

ここではっきりしたことがある。この時点で、安倍は憲法改正をせずに、解釈改憲によって集団的自衛権の行使に踏み切ることを決めたわけである。この背後には、アメリカの強い要請があったものと見られる。たとえば、アメリカの元国務副長官だったリチャード・アーミテージは「日本が集団的自衛権の行使をしないことが、日米同盟の大きな障害になっている」とまで言っていた。

実は、元外務省国際局長で駐フランス特命全権大使だった小松一郎《いちろう》は、第一次安倍政権で集団的自衛権の行使を認めるための理論的支柱だった人物だ。

内閣法制局は1952年に発足して以来、総務、財務、経済産業、法務の4省出身者が交代で長官に就任し、法務政務次官から長官に内部昇格するのが原則となっていた。だから、外務省出身者が、しかも駐仏大使から長官になるなど、前代未聞の人事だったが、安倍はその不文律を破ったのである。もちろん、従来の法制局の一貫した方針を大きく転換させるためだ。

私には相当乱暴なやり方だと思われたが、意外に批判は少なかった。

自民党が結党以来、目標として掲げながらも実現できなかった集団的自衛権の行使を可能にするなど、安倍の首相としての手腕はなかなかのものだ。独裁者という批判もあるが、私は自民党という政党が変貌《へんぼう》したのだと捉えている。かつての自民党には反主流派や非主流派がいて、侃侃諤諤《かんかんがくがく》の論争が展開されていたのだが、現在の自民党には反主流派も非主流派もなく、安倍首相の考えがストレートに通るようになってしまったのだ。

靖国神社参拝の意外な反応

安倍は復活以来、2度の選挙で大勝し、売り文句のアベノミクスは予想以上の成果を出して、自民党の一強多弱と言われる態勢を固めつつあった。第一次内閣で始めた安保法制懇も5年半ぶりに再開し、内閣支持率は50％近くを維持していた。

2013年12月には沖縄県知事の仲井眞弘多《なかいまひろかず》と会談し、懸案だった沖縄県名護市辺野《への》古《こ》の埋め立ての内諾を得ることができた。

これで、アメリカに対して点数を稼《かせ》いだと捉えたのだろうか。その翌日である12月26日、安倍は首相として初めて九段の靖国《やすくに》神社に参拝したのである。政権発足から1年の節目の日だった

安倍は憲法改正についてはトーンダウンさせていたが、A級戦犯が合祀《ごうし》されているために天皇も控えている靖国参拝を強行したのだ。

当日になって通告された自民党幹事長の石破茂は「止めることができなかった」とボヤいた。石破は首相の靖国参拝に反対だったのである。

中国と韓国の大使はそれぞれ外務省の齋木昭隆《さいきあきたか》事務次官に強く抗議した。両国の抗議

は計算通りだった。むしろ両国首脳と会談の見通しがついていなかったので、逆に参拝する好機だと考えたのかもしれない。

ところが、思わぬ計算違いが起こった。アメリカが「失望した」という異例の強い批判を表明したのである。

アメリカの歴代政権はこれまで「靖国参拝については日本の首相や政治家が決めることだ」として公式には立場を表明してこなかった。たとえば、小泉《こいずみ》首相は何度も靖国参拝を繰り返していたが、一度も批判をされなかった。

そのアメリカがなぜ、安倍首相の靖国参拝に対して「失望した」という異例の批判を表明したのだろうか。

実は、アメリカは戦後レジームからの脱却を掲げた安倍内閣の発足当初から、安倍首相が東京裁判を否定する歴史修正主義者だという疑念を持っていた。

歴史修正主義とはサンフランシスコ講和条約を否定することであり、すなわち反米ということになる。日本の深い理解者だと自任している元国務副長官のアーミテージでさえ、安倍首相は右翼のナショナリストではないかと疑っていたのである。

第一次内閣以来、安倍首相が東京裁判についての発言を控えていたので、アメリカ側は自制していると一応、評価していたのだが、念押しのために13年10月に訪日したジョン・ケリー国務長官とチャック・ヘーゲル国防長官はわざわざ靖国神社ではなくて、千《ち》鳥《どり》ケ淵《ふち》戦没者墓苑《ぼえん》で献花していたのである。ところが、安倍首相が靖国神社に参拝したことで、オバマ政権としては、いわば面目をつぶされた格好になったわけだ。

日本のリベラル派から見ると、憲法改正や集団的自衛権の行使、東京裁判を否定しての靖国参拝はいずれも一括《ひとくく》りのタカ派的行為だが、アメリカにとっては全く違う。憲法改正や集団的自衛権の行使は日米同盟の強化であって歓迎されるが、東京裁判を否定しての靖国参拝は許し難い反米行為なのである。

しかも、オバマ政権は、日本の指導者が近隣諸国との関係を悪化させるような行動を取ったことに失望していると強調した。つまり、中国や韓国との関係を大事にせよということである。こうした米国の批判は、安倍首相にとっては想定外の衝撃だったようだ。

もっとも安倍シンパの国会議員の多くは東京裁判否定組であり、アメリカの失望という言葉に失望したと反発する政治家も出た。安倍自身の思想信条もそれには近いはずだが、このとき以来、安倍は舵《かじ》を大きく切った。東京裁判などの歴史問題を封印し、靖国参拝も止めたのである。

その豹変を、アメリカとの信頼関係を大事にする現実主義と言うべきか。あるいは、思想信条を棚上げにできる功利主義と言うべきなのか。

時代は大きく飛ぶが、15年8月14日に発表した戦後70年にあたっての首相談話は安倍の豹変を明確に示している。

「事変、侵略、戦争。いかなる武力の威嚇や行使も、国際紛争を解決する手段としては、もう二度と用いてはならない。植民地支配から永遠に訣別《けつべつ》し、すべての民族の自決の権利が尊重される世界にしなければならない。

先の大戦への深い悔悟の念と共に、我が国は、そう誓いました」

戦後70年の首相談話は出される前から国の内外で非常に注目されていたが、かつて何度も口にした村山談話の批判どころか、先の大戦への深い悔悟と痛切な反省、そして心からのお詫びと村山談話がすべて踏襲されている。

これも、豹変であった。

ただし、この談話には安倍自身の考え方、つまり主語が見事に抜け落ちていて、思想信条を全く表明しない談話になっていた。

集団的自衛権行使

2014年の年明けから、自民党は公明党と集団的自衛権の行使について何度も折衝を繰り返してきた。

公明党は憲法を改正しない、なし崩し的な集団的自衛権の行使には強く反対していたのだが、自民党が妥協に妥協を重ね、次のような新三要件に限定することを条件に集団的自衛権を認めるという合意に達し、同年7月に閣議決定が行なわれた。

一・我が国に対する武力攻撃が発生したこと、又は我が国と密接な関係にある他国に対する武力攻撃が発生し、これにより我が国の存立が脅かされ、国民の生命、自由及び幸福追求の権利が根底から覆される明白な危険があること。

二・これを排除し、我が国の存立を全うし、国民を守るために他に適当な手段がないこと。

三・必要最小限度の実力行使にとどまるべきこと。

公明党はこの新三要件について、「個別的自衛権に表皮一枚をかぶせただけで、憲法違反にはならない。あくまで個別的自衛権の範囲である」とコメントしている。安倍首相も「現行の憲法解釈の基本的考え方は何ら変えることはない」と言明した。

この新三要件は、安倍シンパの政治家たちや安保法制懇のメンバーらには非常に評判が悪かった。というのも、この新三要件では、実際に集団的自衛権を行使することは難しいからだ。後でわかったことだが、安倍首相自身もこの要件に非常に強い不満を持っていたのである。

要するに、自民党は集団的自衛権という名を取ったけれども、公明党に実を取られた格好になったわけだ。

ところが、この新三要件について、退職して慶應義塾大学名誉教授になった小林節は「憲法9条は普通に読めば、海外派兵を想定してはいない。そこに踏み込めば、もはや憲法解釈の許容範囲を超えている。それは憲法の破壊であり、単なる憲法違反だ」と切り捨てた。

こうして、小林節の批判を載せた朝日新聞は「捻じ曲げられた憲法解釈」「自衛措置強引に拡大」と全面的に反対論を展開した。

14年12月14日、安倍内閣で二度目の衆議院選挙が行なわれた。

この選挙に臨み、安倍首相は「アベノミクスの2年間で雇用は100万人以上増え、賃金も過去15年間でもっとも伸びた」と繰り返し説き、「景気回復にはこの道しかない」と強調し続けた。

これに対して、野党各党は集団的自衛権の行使を柱にした安保法制の危険性を懸命に主張し、「実質賃金は16か月連続して減少している」などと訴えたが、それらは総選挙の争点にはならなかった。

選挙の結果、自民党は291議席を獲得。前回より2議席を減らしたものの、安倍政権の3連勝と言っていいだろう。

安保法制は憲法違反か

年が明けて2015年になっても、国会では安保法制をめぐる審議が続けられた。野党は答弁の矛盾点を執拗《しつよう》に追及したが議論は平行線のままだった。

事態が大きく変わったのは、同年6月に開かれた衆議院憲法審議会からである。

この審議会で、民主党推薦の小林節や、維新の党推薦で早稲田大学政治経済学術院教授の笹田栄司《ささだえいじ》が、安保関連法案について否定的な見解を述べるのは予想されたことだった。意外だったのは、自民・公明両党推薦で早稲田大学法学学術院教授の長谷部恭男《はせべやすお》までが、安保関連法案とくに集団的自衛権の行使を憲法違反だと言い切ったことである。

もっとも、当初は違うテーマでの質疑が予定されていたのだが、民主党議員が安保関連法案について質問したことで審議会の空気が一変したのだ。

自民党が長谷部教授を推薦したのは、明らかに大失態である。自民党推薦の憲法学者が憲法違反と断定したことで、自民党・公明党が混乱に陥った一方、野党は俄然《がぜん》活気づき、マスメディアも世論も急速に安保関連法案は憲法違反ということになった。

さらに、朝日新聞が7月11日に報じた調査で、驚くべき結果が出た。調査に応じた憲法学者122人のうち104人が、集団的自衛権の行使を可能にする安保関連法案を憲法違反だと指摘し、憲法違反でないとしたのはわずか2名しかいなかった。

ただし、朝日新聞はなぜか紙面では報じなかったが、実は122人のうち50人が自衛隊も憲法違反であると答えていて、27人が憲法違反の疑いがあると答えていた。つまり、憲法学者の7割近くが自衛隊も憲法違反の疑いありと捉えていたのである。

実は、ＰＫＯ法案が決まったときも、ほとんどの憲法学者たちやマスメディアの大半、そして少なからぬ自民党議員たちが反対していた。だから、現在でも憲法学者の7割近くが自衛隊を憲法違反の疑いありとしているのは、むしろ当然と言ってよい。

元陸上幕僚長の冨澤暉《とみざわひかる》によると、日本の安全保障を象徴する言葉である「専守防衛」は英語には翻訳できない造語であり、世界中のどの国の軍人にも理解できないフィクショナルな言葉だという。

専守防衛だから自衛隊は武力行使を禁じられていて、警察官と同様に武器使用だけが許されている。実は自衛隊は国内法では警察の延長で、自衛官は軍人ではなくて公務員であるから、警察官の場合と同じように正当防衛の場合しか相手を撃つことができない。

また、他の国の軍隊はネガティブリストと言って、法律で「これはダメだ」とされている行為以外は何でもできるのに対して、自衛隊はポジティブリストと言って、特別に認められている以外の行為はできず、多くの自衛官が「いざ戦争になれば、自衛隊法違反を次々に犯さないと戦うことができない」と言っている。

自衛隊はこれまで幸いにして日本が攻撃されることがなく、戦いに関わらないで済んでいる。このために、矛盾が露呈しなかったのである。

15年9月19日の未明、数万人の国民が深夜の国会を取り囲むなかで、安倍政権は参院本会議で安保関連法案を強行採決し、成立させた。こうして日本は攻撃されなくても戦いに参加できる国となった。おびただしい矛盾を抱えたままである。

新聞各紙の世論調査では、安保法制の成立に賛成は朝日で30％、共同で34・1％、反対は朝日が51％、共同が53％で「政府が国民の理解を得ようとする努力を十分にしてこなかった」が75％（朝日）だった。

つまり、国民の7割以上が「わからなくて不安だ」と答えているのだ。

安保関連法案が成立したことで、日本がアメリカの戦争に巻き込まれるのではないかという国民の不安が高まったのである。

普通の国か、平和国家か

２０１６年に入ると、安倍首相はしきりに憲法改正をすると言い出した。

その理由は、憲法学者の7割弱が自衛隊を憲法違反だと捉えた朝日新聞の調査であった。この結果を逆手にとって、「だから憲法改正して9条を改正する」というのである。

実は、自民党は12年に「日本国憲法改正草案」を公表している。

それによれば、自衛隊ではなくて「国防軍を保持する」となり、現憲法九条二項にある「陸海空軍その他の戦力は、これを保持しない。国の交戦権は、これを認めない」という規定がすべて削除されている。

つまり、自民党の憲法改正草案では陸海空軍の戦力を保持し、交戦権を認めるということである。言ってみれば、イギリスやフランスと同じような普通の国の軍隊にするというわけだ。

しかも、安倍首相は憲法改正によって集団的自衛権の行使における新三要件の縛りを解きたいと言っている。公明党に妥協しすぎて新三要件では事実上、集団的自衛権の行使ができないから、その縛りを解き、フルスペックで集団的自衛権の行使ができるようにすると主張している。

安倍首相は第一次政権発足時まで、戦後レジームからの脱却を打ち出していた。

その戦後レジームからの脱却のうち、東京裁判の否定の方は、アメリカに遠慮したせいか、口を閉じたままだが、アメリカに押し付けられた憲法の方は改正しようと言っているのだ。

戦後の日本は、平和国家を国是としてきた。戦争の放棄を謳《うた》った平和憲法の下で、集団的自衛権の行使をしないことと、自衛隊の海外派兵はしないことをふたつの歯止めにしてきたのである。

この国是を取り下げるということは、要するに日本を普通の国にすることだ。それが安倍首相の狙いではないかと、私は考えている。

これに対して、私はやはり日本は平和国家を国是とすべきだと思う。戦後70年にわたって、せっかく平和国家で売って来たのだから、この看板をこれからも掲げるべきだ。太平洋戦争は、明らかに1928年のパリ不戦条約違反であり、その意味で東京裁判を肯定する。そして、中国や韓国と仲良くなるように努めるべきである。

中国や韓国あるいはアジアの国々から信頼されることで、アメリカは「アジアのことはやはり日本に委ねた方がいい」と考えるだろうし、それをアメリカとの交渉権にするべきだと私は考えている。

日本を普通の国にするのか、それともこれまで通り平和国家のままにするのか。国民の判断が問われているのである。

自民党をめぐっては金権政治とか密室政治とか、あるいは強権政治とか対米従属とか、いろいろな批判があった。

しかし、主流派と反主流派、非主流派が政策を競い合っていた時代は、自由に自らの意見を表明し、徹底的に議論する開かれた雰囲気があり、何よりも党内に活気があふれていた。だから、政治家たちを取材していて、とても面白かったのだ。

まさに自由・民主党であり、自民党が戦後日本の自由と民主主義を引っ張ってきたと言ってもさしつかえないと思う。

小選挙区制の導入という制度改革が原因とはいえ、反主流派も非主流派もいなくなり、自由で民主的な空気が失われた今、党是である憲法改正へと突き進む先に、いったいどんな未来があるのか。強い疑問を抱いているのは私だけではないだろう。

あとがき

私が若い頃、新聞やテレビの政治記者たちは与党である自民党の取材に夢中で、野党などにはほとんど関心を持っていなかった。

かつての自民党には主流派と反主流派、非主流派が存在して党内で激しい政策論争を展開しており、その政策論争の取材こそ意味があり、面白かったからである。それは生半可ではない凄まじい論争で、論戦に敗れて交代した首相も少なからずいる。

ところが、選挙制度が小選挙区制に変わってから、執行部が推薦する人物でなければ立候補できなくなり、反主流派も非主流派もなくなった。そして、安倍《あべ》官邸の意見がストレートに通るようになってしまったのだ。

その結果、集団的自衛権の行使について、安倍首相や中谷《なかたに》防衛相は自らが表明したことを後に国会で否定するという失態を繰り返すことになった。かつての自民党であれば、与野党間の論争どころではない激論が事前に党内で戦わされていたため、こんな失態を露呈することはなかったはずである。

それを厳しく追及できない野党もだらしがないが、さらに私も一員であるマスメディアが弱体化していることも指摘しておかなければならない。

フランスの首都パリに本部のある「国境なき記者団」というNGO（国際協力の民間団体）が16年4月、世界180か国を対象に「報道の自由度ランキング」を発表したが、日本はなんと72位であった。イギリスが38位、アメリカが41位、フランスが45位、韓国でさえ70位である。

このNGOが、日本に偏見を持っているわけではない。2010年、鳩山《はとやま》内閣のときに日本は11位、野田《のだ》内閣の12年には22位であった。ところが、安倍内閣になった13年に53位まで急落し、以後、59位（14年）、61位（15年）、そして72位と順位を落としているのである。

この事実を裏づけるように、安倍内閣になってから自民党のマスメディアに対する干渉が露骨になっている。

たとえば、総選挙の直前だった14年11月には、自民党がNHKと在京民放5社の報道局長に選挙報道の公正中立を要請する文書を渡した。

こんなことがあれば、本来ならば、在京の報道局長が集まって協議し、自民党に抗議すべきである。ところが、ほとんどのテレビ局が抗議どころか、こういう事実があったことすら報道しなかった。ちなみに、私は「朝まで生テレビ」でこのことを報告している。

16年の2月には、高市早苗《たかいちさなえ》総務相が「政治的な公平性を欠く内容を繰り返したと判断した場合、その局に対する電波停止がありうる」と発言した。

放送法第4条に「政治的に公平であること」「報道は事実を曲げないですること」などが記されているが、これらはあくまで倫理規定である。日本国憲法21条により、言論・出版その他一切の表現の自由は保障されており、これが先行する。その意味では、高市発言は憲法違反である。

だから、当然のことだが、高市発言についてもテレビ局は報道するとともに抗議すべきであったのに、ほとんどの局はその事実すら報じなかった。

実は、国境なき記者団の発表があったのと同じ時期に、表現の自由に関する国連特別報告者でカリフォルニア大学アーバイン校教授のデービッド・ケイが来日した。ケイ氏は少なからぬジャーナリストたちに聞き取り調査をし、「日本の報道機関の独立性が深刻な脅威に曝《さら》されていることを憂慮する」と表明している。

自民党が豹変《ひょうへん》し、開かれた政党でなくなった。一強多弱の政治状況のなかで、野党がこれにきちんと対応できない。しかも、マスメディアが弱体化している。

まさに、日本の報道機関の独立性が深刻な脅威に曝されている。私もそう思わざるをえないのである。

自民党はどのように変貌してきたのか、その結果、政治やマスコミがどのような状況に陥っているのか。本書が、日本の現状について認識を新たにするきっかけになれば幸いである。

末尾になったが、本書はベスト新書刊行15年を記念する1冊として企画され、2月から5月にかけて10回にわたって口述した内容をまとめたものである。編集を担当してくれたKKベストセラーズの渡邉勇樹さんと、ライターの瀧井宏臣さんに感謝申し上げたい。どうも、ありがとう。

２０１６年5月

田原　総一朗

参考文献

吉田茂著『回想十年上・中・下』中公文庫　1998年
岸信介著『岸信介回顧録』廣済堂出版　1983年
岸信介・矢次一夫・伊藤隆『岸信介の回想』文春学藝ライブラリー　2014年
原彬久編『岸信介証言録』中公文庫　2014年
塩田潮著『憲法政戦』日本経済新聞出版社　2009年
若泉敬著『他策ナカリシヲ信ゼムト欲ス—核密約の真実』文藝春秋社　2009年
田中角栄著『日本列島改造論』日刊工業新聞社　1972年
中曽根康弘著『天地有情　五十年の戦後政治を語る』文藝春秋社　1996年
竹下登著『政治とは何か　竹下登回顧録』講談社　2001年
軽部謙介・西野智彦著『検証経済失政　誰が、何を、なぜ間違えたか』岩波書店　1999年
森喜朗著、聞き手・田原総一朗『日本政治のウラのウラ—証言・政界50年』講談社　2013年
安倍晋三著『美しき国へ』文春新書　2006年
田原総一朗著『日本の政治　田中角栄・角栄以後』講談社　2002年
田原総一朗著『正義の罠　リクルート事件と自民党—20年目の真実』小学館2007
田原総一朗著『塀の上を走れ　田原総一朗自伝』講談社　2012年
田原総一朗著『私が伝えたい日本現代史1934-1960』ポプラ新書　2014年
田原総一朗著『私が伝えたい日本現代史1960-2014』ポプラ新書　2014年
田原総一朗著『鉄神話の崩壊』潮出版社　1978年
KAWADE夢ムック文藝別冊『総特集　田原総一朗』河出書房新社　2014年

ベスト新書
514

変貌する自民党の正体

二〇一六年六月二〇日　初版第一刷発行

著者◎田原総一朗
発行者◎栗原武夫
発行所◎KKベストセラーズ
東京都豊島区南大塚二丁目二九番七号　〒170-8457
電話　03-5976-9121(代表)
装幀フォーマット◎坂川事務所
印刷所◎錦明印刷株式会社
製本所◎株式会社積信堂
DTP◎株式会社三協美術

ISBN978-4-584-12514-4 C0231

田原総一朗（たはら そういちろう）

ジャーナリスト。1934年滋賀県生まれ。60年早稲田大学文学部卒業。同年岩波映画製作所入社。64年東京12チャンネル（現テレビ東京）に開局とともに入社。『朝まで生テレビ！』（テレビ朝日系）、『激論！クロスファイア』（BS朝日）の司会をはじめ、テレビ・ラジオの出演多数。著書に『日本の戦争』（小学館）、『塀の上を走れ 田原総一朗自伝』（講談社）、『安倍政権への遺言 首相、これだけはいいたい』（朝日新聞出版）など多数がある。